CONSIGNE
DES
MINUTES HEUREUSES

DU MÊME AUTEUR

La Première Habitude, Pauvert, 1974 (J'ai lu, 1976 et 1992)

L'Or des chambres, Pauvert, 1976 (J'ai lu, 1977 et 1989)

Le Bout du compte, Pauvert, 1977 (J'ai lu, 1978).

Mortel Azur, Mazarine, 1985 (J'ai lu, 1992).

Le Petit Prince cannibale, Actes Sud, 1990 (J'ai lu, 1991).

Blanche, c'est moi, Actes Sud, 1993.

La Grosse, Actes Sud, 1994.

Hermine, Stock, 1994.

Surtout ne me dessine pas un mouton, Stock, 1995.

Un soir sans raison, éd. du Rocher, 1997.

Les Larmes d'André Hardellet, éd. du Rocher, 1998.

FRANÇOISE LEFÈVRE

CONSIGNE DES MINUTES HEUREUSES

ÉDITIONS DU ROCHER
Jean-Paul Bertrand

ISBN 2 268 03047 4

La dernière promenade d'André Hardellet

À Jean-Jacques Pauvert

« Vous êtes la marchande de la boutique des minutes heureuses ! »

Tout a jailli de cette phrase. Tout est parti d'un souvenir vieux de vingt-cinq ans. Je venais de rencontrer l'écrivain et poète André Hardellet qui était aussi l'auteur des paroles de la chanson *Le Bal chez Temporel.* Malheureusement, je l'ai connu trop tard.

Il m'entraînait en d'interminables promenades dans des coins de Paris où je découvrais des jardins cachés derrière des portes cochères, des cimetières où n'erraient que des chats et les ombres humaines qui leur apportaient de la nourriture. Quand nous traversions un quartier en pleine démolition – certains diraient en pleine rénovation, André Hardellet s'immobilisait face à des pans de vieux immeubles qui semblaient les vestiges d'une ville bombardée. Longtemps il contemplait sur les murs intérieurs encore debout ce qui restait des salles à manger, salles de bains, chambres à coucher. Intimité soudainement dévoilée aux regards des passants. Sur six étages, c'était un étrange assemblage, patchwork de papiers peints aux motifs désuets où se mêlaient pois de senteurs, roses entrelacées. À certains endroits, des marques plus claires laissaient deviner la place autrefois occupée par un lit, une armoire, une horloge, une baignoire, un miroir, la cheminée. Le tout maintenant écroulé dans les décombres. Avec la régularité d'un métronome, un engin muni d'un poids monstrueux pendulant au bout d'un filin frappait les dernières cloisons qui jusque-là avaient résisté. L'immeuble cédait alors d'un coup. Dans le fracas et la poussière des gravats nous assistions à la fin d'un monde. Les mains appuyées sur la rambarde de sécurité qui entourait le chantier,

André Hardellet ne disait rien. Juste, il soulevait les épaules en signe de lassitude ou de fatalité puis m'entraînait dans un de ces bistrots dont les volets du premier étage demeuraient toujours fermés, sans doute à cause du bruit, de la poussière. Peut-être aussi de la présence d'amants clandestins recherchant la nuit d'une chambre brûlante quelle que soit l'heure du jour et pour lesquels le vacarme des marteaux piqueurs était une providence couvrant plaintes et murmures de leur plaisir. Sur la devanture de ces établissements, des lettres peintes en majuscules annonçaient : « CAFÉ-HÔTEL-RESTAURANT ». Et dessous en caractères minuscules : « Téléphone – Casse-Croûte à toute heure ». On pouvait y lire aussi *Chez Suzette, Chez Firmin, Au vrai coq de village*, avec le coq dessiné à même la façade. Devant celui-là, André Hardellet y fut photographié par Robert Doisneau. Ces petits troquets étaient les derniers bastions de quartiers qu'ébranlaient déjà les bulldozers. En entrant dans ces bistrots, on y trouvait souvent des tables un peu poisseuses. Sans cesse le patron briquait le zinc, même quand il n'y avait pas de clients. Dans un coin un accordéoniste jouait aux dés en attendant qu'on lui demandât d'interpréter pour quelques pièces l'air qu'on souhaitait. Quand c'était une java, on entendait le rire de femmes édentées qui, après avoir sifflé leur cinquième verre de blanc, entreprenaient des hommes en casquette et bleu de travail. C'est dans une de ces gargotes que j'ai goûté à ma première Suze et à un « apéritif pour dames, pas méchant pour deux sous », avait précisé le patron en me le servant, le Guignolet au goût de noyau de cerise.

Mais l'escapade préférée d'André Hardellet restait Vincennes où il passa une partie de son enfance chez sa grand-mère, rue de Fontenay. Manèges aux chevaux de bois. Kiosques cachés dans le lierre. Merveilles envolées. Bals musettes où plus personne ne dansait. Troquets rasés. À la place un café moderne. Un immeuble par-dessus. N'ayant plus droit au vin blanc, il commandait une bière. La même. Invariablement, la même.

– Garçon, une Stella !
– Pourquoi toujours une Stella, André ?
– À cause de son nom d'étoile. Et puis Stella, on peut rêver... On croirait le nom d'une fille... Une fille qu'on ne pourra jamais rencontrer...

Souvent il m'appelait pour qu'on aille se promener ensemble. Je me souviens d'un après-midi tout au début de l'été 1974 où il souhaita me faire découvrir le Jardin des Plantes qu'il considérait comme un des lieux les plus *mystérieux* de Paris. C'étaient ses mots. Il venait d'écrire *Donnez-moi le temps*. Une flânerie à la recherche de son enfance, de ses jeunes amours. Il ne savait pas que ce serait le dernier livre publié de son vivant.

Le moindre brin d'herbe sur un trottoir, le plus insignifiant bassin où fermentait une eau verdoyante et saumâtre suffisaient à le plonger dans une rêverie où il retrouvait l'odeur des truites prises dans son adolescence sur les berges d'une petite rivière, la Gloire. Tout en marchant, il me disait la lumière de son enfance, les libellules des sous-bois, les cuisses de Germaine qui fut l'amour de ses quatorze ans, la bouteille de cidre rafraîchissant dans le courant de l'eau tout près d'un gué.

Il s'arrêta et me serra le bras l'air accablé. Son livre *Donnez-moi le temps* ne se vendait pas très bien. Pis encore, il passa inaperçu. Il m'en avait offert un exemplaire. Je l'ouvris à la page où il parlait du Jardin des Plantes où justement nous allions tous deux lentement sous les arbres, mon bras passé sous le sien. Pour le conforter, le consoler, je lui lus à voix haute ce qu'il avait écrit pour vous. Pour moi :

« Mon coin préféré est le jardin botanique clos de grilles et peu fréquenté. Au hasard des petites allées sablées, vous y découvrirez une mare. Artificielle, soit, et contenue dans une cuve de ciment, mais si bien semée de joncs et de plantes aquatiques que vous vous y laisserez prendre. Des grenouilles jaillissent des herbes et plongent en trouant la pellicule végétale qui recouvre l'eau. Arrête-toi, voyageur, mon frère et les yeux mi-clos, écoute crépiter sur les feuilles les gouttes d'un jet d'eau circulaire : dans les greniers de la mémoire, tu possèdes des trésors qui valent les miens. Il y a des heures où un arrosoir peint en vert, une brouette abandonnée, un râteau posé contre un arbre te parlent du plus beau des étés... »

J'arrêtai là ma lecture. Les feuilles aux arbres semblaient plus vertes, plus brillantes. Dans l'air flottait l'odeur des tilleuls et de petits citronniers. À l'aide d'un morceau de branche cassée, des fillettes étaient occupées à tracer une marelle sur la terre desséchée. André Hardellet s'immobilisa pour les regarder. Sur son visage de vieux morse fatigué, on pouvait lire la nostalgie de son enfance. La fuite des émerveillements. Il porta une main à son cœur et s'appuyant contre un arbre murmura :

– Françoise, je me sens si fatigué... Je voudrais tellement savoir que j'ai du temps devant moi... Encore un peu de temps... Et je vis ses larmes couler. Je lui essuyai la joue. J'avais trente ans. Lui soixante.

Il s'était enthousiasmé pour mon premier livre, *La Première Habitude*, que venait de publier Jean-Jacques Pauvert, notre éditeur à tous deux. Marcheur infatigable, il sillonnait Paris dans toutes les directions pour colporter sa passion de lecteur auprès des libraires qu'il connaissait. De ce premier livre, il me cita deux choses qui l'avaient ému profondément, me dit-il. C'était ce passage où, au moment de mettre au monde mon premier enfant dans un certain dénuement, je lui confectionnai un bracelet avec des brins de laine afin qu'on lui passât au poignet à sa naissance. Sans doute pour l'identifier. Il me cita une autre page où durant un hiver particulièrement glacial, marchant dans un champ dur comme la pierre, je m'aperçois que certains sillons sont remplis de minuscules cadavres d'oiseaux gelés. Je m'en suis rendu compte en sentant un craquement sous mes souliers. Je venais d'en écraser un et ce petit bruit d'os qui casse m'obséda pendant un long moment. Il me rappelait la brisure nette des choses. La fragilité d'être. « Ainsi les champs étaient remplis d'alouettes tombées en poussière. Elles ne crieraient plus comme des folles dans la lumière du matin. » Ce que j'avais écris le plus naturellement du monde, je n'imaginais pas qu'un écrivain comme lui puisse s'y arrêter un jour. Pour me faire comprendre ce qu'il avait aimé dans mon texte, ce qui l'avait touché, André Hardellet m'en lisait des passages. Après avoir lu, il baissait la tête et demeurait longtemps silencieux.

Certains matins de gaieté, il franchissait le seuil de ses amis libraires en brandissant mon livre et partout où il passait, debout près des caisses, en lisait des extraits. Ces choses, il me les disait au téléphone ou quand on se revoyait et je les ai apprises bien plus tard de la bouche même de ces libraires. J'en fus d'autant plus touchée qu'André Hardellet avait un public extrêmement fervent, mais trop restreint et qu'il en souffrait. De son vivant, il n'eût pas la reconnaissance qu'il aurait pu espérer. Je crois que cela contribua à l'user. Parfois, il haussait les épaules dans une attitude fataliste comme pour s'excuser de ce relatif insuccès. Comme pour dire : c'est la vie. C'est ainsi ! Il me confia qu'il écrivait difficilement, que c'était pour lui un véritable arrachement, qu'il mettait trop de temps pour aller au bout d'un texte et que ce qui allait lui manquer à partir d'aujourd'hui, il le pressentait, ce serait le temps. Probablement, ce serait le temps. Il hocha la tête. Sa santé commençait à flancher. Cela aussi, il le sentait bien. En marchant, il s'arrêtait souvent pour reprendre sa respiration. Trop bu. Trop fumé. Trop aimé. Trop manqué. Trop espéré. Trop souffert.

– Mais pour vous Françoise, le temps n'est pas encore la grande affaire, ni un sujet d'inquiétude. Je vous regarde et je vous reconnais. Vous êtes la *marchande de la boutique des minutes heureuses*, celle de mon livre. Elle tient le kiosque à l'enseigne :

Minutes heureuses. Bagatelles et Souhaits.

Et cet après-midi-là, il me le répéta souvent.

Afin de ne plus voir ses larmes et dans l'espoir de le distraire, j'allais me joindre aux fillettes pour les aider à tracer leur marelle et partager leur jeu. J'écrivis « Enfer, Paradis, Purgatoire » et me mis à sauter à cloche-pied en poussant le palet du bout de mon soulier vers les cases numérotées. Il ne fallait pas poser l'autre pied par terre sous peine d'être expédiée en enfer. Très vite je retrouvai la règle du jeu de mes récréations d'enfant. Quand je faisais glisser le palet de fortune – un morceau de tuile vernissée, il butait souvent sur la case « Purgatoire ». J'imaginais que ce geste préfigurait ce que serait ma vie. Mais je m'en souciais comme d'une guigne. Adossé à son arbre, un peu voûté, la main crispée sur sa poitrine, son éternelle Gitane maïs aux lèvres et, sur son visage, plus que jamais cet air de vieux morse exténué, André

Hardellet me regardait. Un sourire un peu triste avait remplacé ses larmes.

Au moment de nous quitter, il me prit les mains. À demain, Françoise. On ira au bois de Vincennes. Je voudrais vous montrer où j'ai vécu jusqu'à l'âge de six ans. C'est comme si j'y étais depuis toujours. Tout ce que j'écris vient de là. De mon enfance. J'aimerais qu'on y aille ensemble. Vous m'accompagnerez ? J'ai du mal à vous quitter. Vous viendrez n'est-ce pas ? Vous me le promettez ?

Nous eûmes une dernière conversation dans un café. Je le raccompagnai à une station de bus et nous nous quittâmes. Il m'écrivait souvent et m'envoyait ses lettres par pneumatique Le lendemain matin, je reçus ce petit mot :

« Au bois de Vincennes, je vous expliquerai Françoise, pourquoi vous êtes "la marchande de la boutique des minutes heureuses". Je vous parlerai aussi de celle que j'appelle Germaine dans mes livres et du parfum de la dame en noir...

Vous êtes une source. Vous m'aidez à vivre.
Mais il est temps de ne pas rater la dernière levée.
Tenderly.
André. »

Assise à la fenêtre ensoleillée de ma chambre sous les toits, j'étais en train de relire sa lettre. La lumière de cette fin de juillet dansait sur le papier illuminant sa belle écriture bleu pervenche. Même à Paris on pouvait entendre le chant des oiseaux. Et c'était le temps où des femmes ressemblant à des gitanes chantaient dans les cours et sur les trottoirs des airs de Piaf. Leur voix montait jusqu'au dernier étage vers lequel elles levaient les yeux, attendant qu'on leur jetât une pièce de monnaie. C'est ainsi que j'entendis *Milord* et me penchant pour mieux l'écouter, j'applaudis la chanteuse dont la voix était aussi bouleversante que celle de Piaf que j'adorais. Je lui lançai une pièce enveloppée dans du papier d'argent. Pour me remercier, elle se mit à tourner sur elle-même en levant les bras. Vue de ma fenêtre mansardée, sa robe de satin rouge tournoyante ressemblait à la corolle d'un énorme coquelicot. Elle s'éloigna vers une autre rue en chantant *Padam ! Padam ! Padam !*

Je souriais à cette journée lumineuse, je souriais en relisant la lettre d'André Hardellet, à cause du mot *source*, qui m'embellissait, à cause de cette phrase énigmatique faisant de moi « la marchande de la boutique des minutes heureuses », phrase qu'il m'avait offerte et dont il allait enfin m'expliquer le sens tout à l'heure. En pensant à notre rendez-vous, moi aussi, je me mis à chanter à pleine voix :

« Padam ! Padam ! Padam ! Il arrive en courant derrière moi ! Padam ! Padam ! Padam ! Il me fait le coup du souviens-toi... »

Tout à ma joie j'ouvris la porte pour courir vers le rendez-vous d'André Hardellet et ses « minutes heureuses », quand le téléphone sonna et que notre éditeur et ami Jean-Jacques Pauvert m'apprit sa mort. Il était mort seul dans la nuit. Il avait tenté d'appeler mais n'y était pas parvenu. Personne ne fut auprès de lui. Et par cette radieuse matinée d'été où nous nous étions donné rendez-vous au métro Porte de Vincennes, c'est la lettre d'un mort que je relisais. Ses dernières forces rassemblées pour tracer ces mots à l'encre presque mauve, c'était l'ultime bénédiction d'André Hardellet que je venais de recevoir.

C'est en compagnie de Jean-Jacques Pauvert que je le découvris quelques heures plus tard sur son lit, à demi nu, au fond de son appartement vert et sombre au cœur des Halles, rue Beaubourg. Sa chatte, une petite siamoise qui portait le nom de Violette, unique présence dans la chambre mortuaire, tournait autour de son corps. À notre arrivée, elle se faufila sous le lit en miaulant désespérément.

« Vous êtes la marchande de la boutique des minutes heureuses... »

Vingt-cinq ans plus tard, sa phrase résonne en moi comme les paroles du *Bal chez Temporel* survivent dans bien des mémoires. C'était tout une époque dit-on quand on commence à prendre de l'âge... *Le Bal chez Temporel*... Chanson du bord de Marne où l'on entend le froissement de la rivière dans le sillage des barques, le bruit des rames heurtant la surface de l'eau. Aujourd'hui, baraque de planches, guinguette sinistrée, sans musique, sans lampions, sans vin blanc, sans friture de goujons, désertée par ses amants. Restent les arbres avec leurs cicatrices de cœurs percés, de noms gravés. Et je me souviens aussi d'André Hardellet me faisant écouter sur le juke-box d'un bar *Dardanella*, par Louis Armstrong, je me souviens de ses yeux rougis et comment il avait enfoui la tête dans ses bras pour que je ne voie pas son air effondré. Il me parlait du temps. Et encore du temps. Celui qui passe et ne revient pas. Dans son dernier livre, il avait écrit :

« Aujourd'hui, alors que mon capital de sable a dangereusement baissé dans le haut du sablier, il m'arrive de sentir avec une acuité poignante cette incessante hémorragie de temps vivant qui s'écoule de moi ; je perds mon temps comme un sang précieux, alors que je n'en ai jamais eu autant besoin. »

Et dans ce troquet désert où nous buvions la Stella qu'il aimait en écoutant Louis Amstrong, il me confia qu'il se sentait « déglingué » et que pour vivre encore un peu il était résolu à se faire soigner. On lui avait parlé d'un traitement miracle en Roumanie. Une doctoresse qui vous refaisait une jeunesse, paraît-il. Il se mit à sourire comme si c'était déjà fait et me regardant au fond des yeux, il me redit la petite phrase enchantée.

Ces mots – « Vous êtes la marchande de la boutique des minutes heureuses », je m'en sens dépositaire. Il arrive qu'on hérite d'un regard, d'un geste, d'une phrase ou même de quelques mots d'amour dits à votre intention, parfois rapportés longtemps après par une tierce personne. Jamais héritage ne me sembla plus fabuleux sous son apparente pauvreté. S'il est vrai que les mots peuvent tuer, comme un talisman, ils vous accompagnent aussi et vous protègent. Les mots sont des compagnons de route infaillibles. Les mots sont des anges gardiens.

Un quart de siècle après sa mort, ainsi en est-il des mots d'André Hardellet. Tandis que je suis en train d'écrire, ils frappent au carreau et quand j'ouvre la fenêtre, ils se mettent à tourner, à voleter partout autour de moi. Tout ce temps j'avais fait semblant de les oublier car durant ma jeunesse la lutte pour survivre fut trop rude pour que je puisse établir le compte des minutes heureuses. Le bilan tirait toujours de l'autre côté.

Si longtemps après avoir passé cet après-midi en sa compagnie dans la poussière dorée d'un square de juillet, cette dernière phrase tracée de sa main je l'interprète à ma manière, comme si, de l'au-delà, André Hardellet voulait insister sur quelque chose qu'à l'époque je ne pouvais pas comprendre et que je ne suis pas même sûre d'avoir comprise aujourd'hui :

Ne t'égare pas dans la mélancolie... Souviens-toi du bonheur. Un jour, tu sauras toi aussi consigner les minutes heureuses.

Patience des minutes heureuses

À Christian

Comme on décide un jour d'ouvrir les tiroirs où s'accumulent des photos vieilles de trente et quarante ans pour les regarder, sourire ou retenir une larme devant toutes ces années enfuies, ces êtres envolés, ces visages figés dans les traits de leur jeunesse, de même on ressent l'urgence d'écrire sur ces instants de bonheur, consigner ces minutes de rien. Il est temps de mettre un peu d'ordre dans sa mémoire pendant qu'on en a encore l'envie, la force et les moyens.

Classer, ranger, mettre des dates au dos des photos, c'est une épreuve presque insurmontable pour moi. Pourtant enfants et petits-enfants aiment à tourner les pages des albums, riant, s'exclamant : – C'est toi, là ? Mais tu fumais ! – Dis donc, tu étais drôlement mince à cette époque ! Pourquoi tu ne laisses pas tes cheveux longs comme avant ? – C'était qui l'homme qui te tient par la taille ? – Et le bébé dans tes bras, c'est moi ? – Je suis sûre que c'est moi ! – On dirait qu'il y a la mer derrière. – C'était où ? Et ainsi de suite, comme lorsqu'on passe les vieux films de famille. D'ailleurs, photos et films ne semblent-ils pas déjà appartenir aux souvenirs dès lors qu'on est en train de les regarder...

Aujourd'hui, je suis entre deux âges, ni jeune ni assez âgée pour ne vivre que de mes souvenirs. En tournant les pages des albums, j'ai l'impression que tout s'est passé dans une autre vie... Visages, paysages, amours, folies. J'éprouve alors l'urgence d'écrire des pages qui diraient le compte des minutes heureuses afin de me sentir plus légère et qu'un sang neuf coule dans mes veines, me fasse danser, mette des ailes à mes talons. C'est ma façon d'arrêter le temps. Il y a comme un petit parfum testamentaire dans cette entreprise, c'est vrai, et je dois me dépêcher d'écrire avant même que cette joie insouciante, qui parfois m'envahit comme une bouffée de muguet, ne me quitte tout à fait. C'est une de mes craintes. Aussi vais-je tenter d'aller à la recherche de quelques images qui ne m'apparaissaient pas forcément comme du bonheur au moment où je les ai vécues. Aujourd'hui, je sais que *c'était* le bonheur. Mais pour revenir au présent, je sais maintenant reconnaître l'enchantement quand il traverse mes journées sous forme d'événements qui apparaîtraient bien insignifiants à qui n'est prêt à traquer les minutes heureuses.

Cette année, trop de drames, de deuils, de chagrins ont rôdé autour de moi. Des enfants d'amis, morts de façon accidentelle ou des suites d'une maladie. Ô le chagrin muet des parents, la douleur qui les rend comme absents d'eux-mêmes et pourtant, il faudra bien continuer de vivre, si c'est ce qu'on a choisi. On ressent tant d'impuissance face à leur détresse, les mots vous manquent et manqueront toujours pour tenter d'accompagner, de consoler ses amis en proie à la pire des épreuves, la perte d'un enfant.

Et puis, il y a ces images qui nous viennent du monde ajoutant à la désolation. Tueries, génocides programmés, quotidiens, banalisés. Politiquement justifiés. Oradour est partout. La barbarie est à notre porte. Elle n'a jamais cessé. Je ne peux effacer de ma mémoire le visage de cette femme qui vient de perdre ses huit enfants dans le massacre de Benthala en Algérie, le vingt-trois septembre dix-neuf cent quatre-vingt-dix-sept. Sa photo a fait le tour de la planète, nous dit-on. Sur son visage deux mille ans de souffrance. On est deux mille ans en arrière. Au temps de la Bible, au temps d'autres pogromes, de génocides dont on nous lisait les récits dans notre enfance. En classe d'histoire ou au cathéchisme. On écoutait gravement l'instituteur ou le prêtre énoncer la liste de toutes ces horreurs, mais elles ne paraissaient jamais vraies. – C'est pas pour de vrai, disent les enfants. Hérode. La tuerie des nouveau-nés. La Saint-Barthélemy. Le Massacre des Innocents. Ceux qu'on brûle. Ceux qu'on éventre. Ceux dont on tranche la tête qu'on pique ensuite sur des lances. Non, ce n'est pas pour de vrai. Pas plus que l'interminable liste des noms de soldats morts pour la patrie gravés sur d'affreux monuments trônant au milieu des places de villages. On dit que c'étaient des gamins. Ils sont tombés dans un piège. Partis pour l'abattoir. Une vraie boucherie. Ils étaient à peine plus vieux que ceux qui aujourd'hui essaient de déchiffrer leur nom qui s'efface sur la pierre. De vrais bons petits gars qui ne savaient pas ce qui les attendait. Beaucoup partaient en chantant. Pour la génération qui suit, tout cela n'est qu'un conte. Juste pour faire peur. Juste pour qu'on se tienne tranquille. La vie, ce n'est pas les blés, ni l'amour ni le ciel. C'est la boue, la mitraille, les tripes éclatées. Mettez-vous bien ça dans la tête, les enfants. On écoutait. Mais rien de ces malheurs n'était pour nous. Rien. Au-dehors, trop de ciel, trop d'oiseaux, trop de rires nous appelaient. Et soudain, dans la classe « de beaux insectes bleus entrent par la fenêtre » suivis du nom de Victor Hugo qui vole comme un cerf-volant et rase nos têtes. Non, il y a trop de joie, trop de promesses, trop de poètes, trop de chansons pour que ces choses-là arrivent encore.

Mais pour cette femme d'Algérie, l'horreur c'est aujourd'hui. Sa photo est sous nos yeux, prise d'hier. Elle fait la une de la presse mondiale. Toute la nuit, elle a entendu les hurlements de dizaines et de dizaines de nourrissons, d'enfants, de femmes, d'hommes, de vieillards, qu'on torturait, qu'on violait, qu'on égorgeait dans leurs maisons fraîches et bleues qui sentaient le thé à la menthe et d'où l'on avait chassé les mouches pour qu'elles ne se posent pas sur la bouche des nouveau-nés où perle toujours un peu de lait. Une maison de terre battue fraîche et bleue sous la lune, où tout était en ordre. Sur le foyer cuisaient doucement la semoule et les légumes pour le lendemain. Dans cette maison, ils s'étaient tous endormis, le père, la mère, les huit enfants. Comme dans un conte. Entre Charles Perrault et les Mille et Une Nuits.

Dans l'aube de la désolation, cette mère soutenue par une autre femme, pieds nus, tête renversée en arrière dans son voile, exsangue de douleur, d'un seul coup, l'expression de sa souffrance abolit le temps.

On a torturé tous ses enfants, avant de les passer à l'arme blanche. On les a violés, éventrés sous ses yeux. On les a égorgés. On a découpé les bébés vivants en morceaux. On les a jetés sur la braise. Sous ses yeux. On a incendié sa maison au lance-flammes. On est reparti faire la même chose dans une autre maison du village. Et c'est aujourd'hui. Pas il y a deux mille ans. Ce n'est pas dans la Bible. Ni dans le Nouveau Testament. Non, pas sous Hérode. Ni dans les pages de nos livres d'histoire. C'est aujourd'hui, à une heure d'avion, en Algérie. On porte tous en soi l'image de cette mère dont on vient de massacrer les huit enfants. On entend les cris, les hurlements de bête qu'elle a entendus. Depuis, ces cris-là, on dort avec. Cette mère est l'incarnation d'une douleur qui n'en finira jamais. D'une conscience impuissante. Celle d'une force obscure qui dévore ses enfants. Aucune *pietà* ne peut exprimer cette détresse-là.

Avant de poursuivre, me reviennent en mémoire les poèmes d'un groupe d'enfants de Vénissieux, qui après une visite à Oradour-sur-Glane a écrit une plaquette – *Je t'écris pour la vie* – éditée par l'association Traction Avant et Cie.

Dans un précédent livre, j'en avais donné des extraits. Je ne résiste pas à recommencer :

Je dis ruine
quand les rires des enfants disparaissent
quand plus personne ne nous soutient
quand les objets auxquels on tenait tant
sont brisés :
les machines à coudre,
les vélos, les voitures, les tasses à café,
et les photos

Pensant au feu, aux flammes,
qui détruisent des forêts et de l'herbe verte.
Je dis Martyr,
pensant à Oradour-sur-Glane en flammes,
à la petite Isabelle brûlée qui joue maintenant
pensant au sang des flammes
au jaune du soleil
aux nuits des fumées,
aux blancs des anges.

Au jaune du soleil... Aux nuits des fumées... Aux blancs des anges... Souvent je me redis ces phrases d'enfants... Je pense à ces objets rescapés des massacres comme à des fleurs poussant au milieu des ruines et qu'ils ont su voir, eux, les jeunes visiteurs de Vénissieux à Oradour. Ils ont su l'écrire. Tasses brisées – vélos – machines à coudre – pauvres casseroles – poupées – babioles – sourires sur les photos par les flammes épargnées – petites cuillères. Les enfants auxquels on vole tant aujourd'hui voient tout. Ils savent que ces objets de la vie ordinaire étaient aussi ceux de l'amour, de la tendresse assassinée et faisaient la grâce des jours.

Dès lors qu'on pense aux ruines, pourquoi écrire sur les minutes heureuses ? Parce que c'est une conjuration contre le malheur et ce deuil qui remonte à la nuit des temps et ne veut pas céder. Ne cédera jamais. On le sait, il faudra vivre avec. C'est-à-dire écrire. J'ai l'âge pour commencer à tenir le compte des menus ravissements qui traînent dans mes jours. J'ai des morts derrière moi, qui me poussent à le faire, me talonnent pour que je tourne les pages de cet album-là. J'ai l'âge pour ne plus céder à la mélancolie, au désir amoureux, aux regrets. Assez souvent aussi, j'ai l'impression d'être dans une débâcle permanente, fuyant je ne sais où mais tenant serrées dans un baluchon ces miettes de vie qui furent la cause de mon enchantement. J'ai l'impression de marcher avec beaucoup d'autres, pour fuir quoi ? Pour aller où ?

Au volant de ma voiture, chaque jour je fais le même trajet. Il y a des matins où la vue d'une femme portant un fagot, un pain ou des œufs dans son tablier, celle d'un homme poussant une brouette sur une route de campagne, me console et m'enchante pour la journée. De même que la vision d'un champ labouré fumant sous les premiers rayons de mars. Et en quoi cela vous console-t-il ? pourrait-on me demander. Justement, je n'en sais rien. Je sais seulement que ces images de paix comme les moissons de Millet m'aident et me donnent l'envie d'écrire et de consigner brouette, arbres, pain, champ labouré.

La vive impression d'être en sursis gouverne presque chaque acte de ma vie. J'ai besoin de miracles quotidiens, qui ne tiennent ni à la passion amoureuse ni aux biens matériels – fragiles, trop fragiles, mais à ce genre de rencontres, de signes intemporels et gratuits. Un vieil homme. Une femme un peu courbée. Un carré de jardin cultivé. Une brouette. Un cheval qui va. Et si j'entre dans la maison de ces gens-là, je sais que je trouverai une cafetière sur la table – une de ces cafetières usées aux dessins naïfs dont l'émail a sauté par endroits, posée sur une très vieille toile cirée qui aura gardé l'odeur de celle de mon enfance.

Donc, n'en déplaise aux adeptes de la « mondialisation », la cafetière est sur la table et elle y restera. Et comme l'a écrit le poète, si « le bonheur est dans le pré », j'aime voir que la brouette y est aussi. Et ainsi de suite pour ces touches de joies insignifiantes que je cherche à multiplier dans la journée et que je pourrais énumérer sans fin. Je comprends bien qu'elles n'ont pas de quoi incendier de raisonnables cerveaux habitués à les disséquer plutôt qu'à les vivre, ces très simples émotions. Pourtant à cette heure et en cette fin de millénaire, comment ne pas songer qu'on est entrain de tout perdre à cause de la folie du monde, comment peut-on encore douter que Timisoara, Benthala, et tant d'autres lieux de douleur ne soient pas aussi à notre porte dès demain. Qui serait assez inconscient pour se croire préservé, alors qu'on accumule des erreurs qui n'ont plus rien d'humaines.

À ce degré, l'erreur n'est plus humaine.

Tout autre chose maintenant. Quelques lecteurs et lectrices qui pourtant aiment mes livres me reprochent parfois trop de véhémence amoureuse. Je dois dire que cela m'agace un peu. Car, c'est une fois de plus me proposer une sorte de castration. Un grand auteur, très âgé aujourd'hui et pas spécialement disposé à la censure, m'a même dit après avoir lu un de mes livres, *Mortel Azur*, qu'il ne comprenait pas d'où me venait cette « fureur érotique ». Ce furent ses mots. Pourtant en d'autres temps, cet écrivain a soutenu lors de mémorables procès des auteurs condamnés pour avoir écrit des textes autrement licencieux.

J'ai donc décidé, pour ce qui concerne ce livre, de m'imposer une ligne de conduite, de me tenir au doigt et à l'œil. Aucun accent de fureur, ni de mélancolie. Et pas un dé à coudre de sperme. Je serai d'une chasteté exemplaire, réservant à d'autres livres, murmures, cris, accents de ma ferveur amoureuse, si Dieu me prête vie. Et si j'en ai toujours le désir. Car c'est le désir le maître mot. C'est le désir qui conduit les livres.

Mais j'aime aussi l'idée du dépassement de soi. N'ayons pas peur des mots, disons que j'aime l'idée de la sublimation. Moi qui déteste tenir une aiguille, je m'assoirai comme une couseuse à sa fenêtre, et tout au long de cet hiver, je broderai avec patience une tapisserie, faite seulement de fous rires, de chuchotements et de silence. Patience. Un manteau de patience.

Oui, patience ! Patience des minutes heureuses...

Les tresses d'Hermine

À Gitta et Dimitry Markevitch

C'est souvent tôt le matin ce serrement de cœur. C'est plus fort à l'automne, quand l'école a repris. Plus fort à la Toussaint quand des fantômes se balancent dans les arbres. On est dans la brume. On est dans les limbes. Cinq heures et demie. Pas un bruit. Tout le monde dort. Bientôt il faudra réveiller les enfants. En attendant on circule dans la vieille maison entourée de forêts. Une seule lampe est allumée. Celle de la pièce où j'écris. Le brouillard à la fenêtre assourdit les bruits du monde. On ne distingue rien du dehors. Pourtant on dirait que quelqu'un va frapper au carreau. Peut-être un visiteur comme il y en a dans les contes ou les opéras. Mais ce ne serait pas, non, ce ne serait pas celui qui à plusieurs reprises cogna à la porte de Mozart. Autoritaire, impatient messager du destin.

Celui qui frapperait à la fenêtre n'aurait pas d'âge, une barbe de trois jours, un vieux feutre trempé de rosée. Il rapporterait quelque chose de perdu. Un ballon rouge, un soulier d'enfant trouvé dans une flaque d'eau sur le chemin. Peut-être même sortirait-il un lapin de son chapeau ou porterait-il un renardeaud tremblant dans ses bras, ce genre de présent qui simplifierait la vie de famille, assurément...

Dans le silence et la brume où les fantômes se balancent de branche en branche dans ce qui n'est pas même un matin, mais comme le fond d'une ville engloutie, on voudrait ne pas avoir à subir les cris du monde tout près de faire voler les vitres en éclats. On voudrait se tenir loin du fracas de la vie sociale, des nouvelles à la radio qui chaque jour égrènent les tueries. Loin du bruit et de l'air empoisonné. On souhaiterait avoir le temps d'aimer, la lenteur nécessaire pour prolonger les gestes de l'amour. Loin, bien loin de l'inachèvement, de la pression venant du dehors, de l'obligation de se séparer des enfants pour les conduire à l'école.

C'est pourtant l'heure de réveiller la fillette aux longs cheveux blond florentin, Hermine, sommeillant dans un fouillis de livres et de cassettes. Jeune violoncelliste, elle s'endort souvent en écoutant les œuvres écrites pour son instrument. Les suites de Bach, bien sûr. Mais hier c'était le *Concerto* de Dvorak joué par son interprète favorite, Jacqueline Du Pré, éblouissante musicienne, disparue trop jeune. Il y a dans ce *Concerto* des attaques d'une vigueur inquiète et comme le souvenir poignant, éperdu, obsessionnel d'une promenade dans les forêts de bouleaux, quelque part en Slovénie. La petite s'est endormie en l'écoutant.

Partout autour du lit d'Hermine, des images de chevaux. Ceux de Lascaux, ceux de Camargue, blancs chevaux galopant dans des gerbes d'eau, éclaboussant tout sur leur passage et d'abord leur cavalière qui n'en finit pas de rire. On y trouve aussi les pur-sang arabes. Les chevaux si bien dressés de l'école de Vienne dont elle aime le nom – Lipizzan – Elle répète souvent ce nom qu'elle adore – Lipizzan – avec deux z. Elle me dit aussi qu'une de ses races préférées c'est le frison. Elle n'a pas oublié les chevaux de trait boulonnais, francs-comtois, tirant des troncs d'arbres dans des chemins où le tracteur ne peut pas passer. Et bien sûr, une licorne arrêtée dans son vol veille au-dessus de son lit. Quand Hermine ouvre les yeux, elle sourit de voir tout ce monde à sa place et autour d'elle. Elle sait qu'elle aura la patience d'attendre mercredi après-midi où dans un manège elle galopera sur un petit cheval, celui-là bien vivant.

Quand elle s'éveille, il n'y a pas d'ombres sur le visage d'Hermine. Elle va à sa toilette, s'habille, descend son cartable, son violoncelle, n'oublie pas de glisser dans son étui l'archet prêté par son grand ami violoncelliste, Dimitry Markevitch qui la remarqua lors d'une audition et l'invita avec d'autres musiciens à jouer à ses côtés quelques mouvements des suites de Bach pour fêter ses soixante-quinze ans. Cet archet, elle l'a baptisé Dimitry et lui attribue des pouvoirs fabuleux. C'est un peu comme si la main du maître la guidait. Ensuite Hermine range ses partitions, son cartable, boit un jus d'orange, mange une tartine, lape son bol de chocolat. Si on la regarde bien, quelque chose peut-être s'obscurcit au fond de ses yeux. Un léger voile passe. Une très fine mélancolie. Elle dit simplement :

– Je n'aime pas l'école. C'est trop long.

Je réponds que, bien sûr, c'est trop long. Bien sûr que c'est mal fait. C'est presque un crime. Un crime organisé par des ventripotents, des maigres, des pointus, des tordus qui depuis longtemps ont perdu leur enfance. Des gens de pouvoir et de mensonges. Autrement dit, des politiques. Et je commence à brosser ses cheveux. Elle continue de parler, argumentant que, le matin, on pourrait apprendre l'orthographe, les conjugaisons, les mathématiques, l'histoire, la géographie, etc. Mais l'après-midi... L'après-midi, on jouerait, on chanterait, on dessinerait, on ferait de la musique, on écrirait des poèmes, on nagerait, on s'envolerait...

On sait bien qu'elle a raison. Mais l'inflexibilité, la bêtise des institutions, elle, n'aura pas raison de l'instant qui suit le petit déjeuner : la confection des nattes d'Hermine. Certes, ce n'est pas harmonieux chaque jour. Nous sommes tenus en otage par des horaires impitoyables qu'il faudra essayer de respecter. Cinq minutes trop tard et tout peut être bouleversé.

Mais ce matin, on le veut, sera un matin de douceur. De lenteur. On brosse la chevelure florentine qui descend jusqu'en bas de ses reins. On sépare la masse des cheveux en deux. On commence à natter un côté avec le sentiment de tresser des siècles et des siècles d'amour. On natte une princesse, une vagabonde, une aventurière indienne qui va enfourcher son cheval pour partir au triple galop.

De mes doigts qui enroulent les lourdes mèches aux effluves de foin mouillé, s'échappe un fluide d'amour que je tresse avec ses cheveux, mêlé à un désir de protection farouche. À chaque torsade que je croise, je fais une prière pour que cette enfant rayonne longtemps.

De sombres pensées sont venues tout en la nattant. Des pensées qui allaient vers des petites filles mortes, violées, excisées, battues, égorgées. Ici même et dans des pays tout proches. Juste aux frontières du nôtre. À une heure de vol. Et tout en nattant les cheveux de ma fille, j'entends les cris de ces autres fillettes s'élevant comme une clameur recouvrant d'un voile noir toute l'innocence et la joie du monde.

J'essaie de chasser ces visions en continuant de tresser ses cheveux avec d'autres pensées chargées d'amour et la folle espérance que ces pensées-là sont peut-être des prières, qui à leur façon contribueront à éloigner l'horreur, la folie, la barbarie qui déferle sur notre planète. Je songe aussi aux nattes coupées des petites filles punies. Mais très vite je reviens à la joie d'Hermine, juste oppressée par la longue journée qui l'attend. Ce qu'on appelle le « social » et qui va tuer, elle le sait, ses rêves et son imaginaire si la force lui manque pour résister à cette cadence meurtrière.

Comment ne pas avoir le cœur serré à l'idée qu'un enfant de onze ans accomplit des journées qui comptent largement dix heures de travail, d'attention, de vie bruyante au milieu des autres, sans aucune possibilité de retrait. Et je laisse de côté la somme considérable des devoirs faits à la maison, la pratique quotidienne d'un instrument de musique. Semaines de plus de cinquante heures... Largement dépassées. Alors que les adultes militent pour n'en faire que trente-cinq. Énergie gaspillée, mal employée, mal gérée par des institutions voleuses de joie et d'enfance, avorteuses de toute ébauche de créativité. Mozart mille fois, cent mille fois assassiné. Et personne n'est responsable. Personne n'y peut rien. C'est ce qu'on entend. C'est ce qui se dit. C'est ce qui se pratique. De petits crimes à l'échelle gouvernementale.

Sauvons-nous, Hermine. Il reste ce quart d'heure adorable du matin qu'on ne laissera à personne le soin de nous confisquer. La résistance est là, aussi. Dans l'acte de tresser les cheveux de l'enfant qu'on adore en y mêlant les vœux les plus aimants, les plus drôles, en y ajoutant des fous rires, en se moquant de ceux qui nous assombrissent la vie. On mêle aux cheveux qu'on natte un peu de poudre d'or, quelques plumes des cygnes sauvages qui emportèrent la petite Lise par-dessus les océans. On met tout ce qu'on trouve dans les contes d'Andersen, les larmes amères de la petite Sirène et quelques-unes de ses écailles aux reflets de lune, des grelots de rennes, des guirlandes de sapins de Noël, des lambeaux de robes restés accrochés aux ronciers, flottant au vent, devenus couleur du temps et qui furent les parures de princesses en fuite, des pages et des pages de livres, les notes d'un concerto inachevé, un grand vent d'hiver bavard et sifflant qui va, écornant les bœufs, décapitant les cheminées, décrochant les enseignes. On n'oublie pas d'ajouter aux tresses des crins de chevaux, ceux de Crin-Blanc et de l'Étalon noir. Entre les deux, impossible de choisir. On est persuadé d'avoir oublié beaucoup de choses. Cris de loups. Cris de chouettes. Mais vite, l'heure tourne. Il faut y aller maintenant. Alors sur les tresses, on saupoudre encore un peu de neige, on jette une poignée de sable, l'écume des vagues, quelques fleurs de pommiers. Vite. Tandis qu'on termine chaque natte en enroulant au bout un élastique de couleur vive, on formule encore des souhaits tous plus bêtes les uns que les autres :

Je souhaite qu'une vache traverse le couloir en volant.

Je souhaite que des coccinelles envahissent la maison.

Je souhaite que ma prof de français qui n'aime pas mes « rédacs » tombe malade.

Je souhaite que ce petit con de Benjamin qui me tire les nattes dans le bus du conservatoire et tape comme une brute sur mon violoncelle se casse la figure dans l'escalier.

Je souhaite traverser le square pour jeter du pain aux canards. Mais on ne le fera jamais parce que le matin on est toujours en retard...

Je souhaite qu'il neige bientôt.

Dehors les fantômes se balancent toujours d'arbre en arbre. La brume enveloppe Hermine, irisant sont front et faisant à ses tresses comme de longs rubans d'organdi qui flottent et traînent derrière elle... Elle dit en humant l'air :

– Tu ne trouves pas que l'automne, parfois, ça sent les vieilles clefs ?

On monte dans la voiture. On fait vingt kilomètres. Quand Hermine descend, je l'embrasse sous le réverbère tout près de son collège. Je la regarde s'éloigner son violoncelle sur le dos, son cartable de quatorze kilos dans une main, son sac de partitions dans l'autre. Je regarde tout autour d'elle ces jeunes enfants qui se voûtent sous des fardeaux bien trop lourds pour leur squelette. Chaque année, à la rentrée, c'est pareil, à la télévision, à la radio, dans les journaux, dans les séminaires, on parle de leurs vertèbres qui souffrent, de leurs colonnes vertébrales qui se déforment, de leurs scolioses. On en parle. On en parle et puis on oublie.

Va, petite fille irradiante, clairvoyante, va dans la cécité du monde. Confiante mais sur tes gardes, tu pressens déjà que pour vivre, l'amour reçu et donné, l'amour partagé ne sera pas suffisant. Il te faudra être *endurante*. Tu vas au seul collège de la ville qui propose des horaires « aménagés », compatibles avec des études de musique au conservatoire. Tu as onze ans. Sur tes papiers scolaires, c'est écrit que tu es en 6e MU2. Pourquoi pas... Je te regarde partir vers ta longue journée qui, sans ta joie et ta volonté, ne serait qu'un mensonge. Tu te retournes, poses ton cartable. Dans ton dos, plus grand que toi, ton violoncelle semble te protéger. Me faisant signe de la main, tu me lances :

– Et surtout, souris bien dans ta tête !...

L'eau du matin

Pour Marie

Le premier miracle de la journée, le premier bienfait, c'est elle. C'est l'eau du matin.

Elle coule sur votre visage, vos épaules. Elle chasse les mauvais rêves. On se sent régénérée par je ne sais quel baptême. Et les mots viennent. Les premiers mots de la journée sont toujours un miracle. Une pluie chaude aux larges gouttes. Un bonheur attendu, espéré, qui arrive enfin. Et qu'on bénit. Les premiers mots, on ne va pas les chercher loin. Ils viennent comme un balbutiement. Presqu'une langue étrangère. Ils affleurent comme une source sous les pieds. Ils naissent sans douleur. Manne du ciel. Graines aux oiseaux. On n'a guère la possibilité de les noter car on est sous la douche. Et l'on n'a trouvé encore aucune astuce pour écrire sous la douche. Dire les mots à voix haute pour les enregistrer les ferait fuir. Alors on consent à les perdre. Tant pis, ils n'iront dans aucun livre.

Sous l'eau qu'on reçoit comme une cascade, on ferme les yeux. Fermer les yeux c'est rendre grâce. On sourit à l'idée de l'amour qu'il faudra ranimer tout au long de la journée comme un feu toujours prêt à s'éteindre. Et puisqu'on est seule et qu'on ne peut vous entendre, on soupire. Parfois viennent les larmes. On se le permet, car on sait que l'eau en effacera les traces. Personne ne vous demandera rien. On a développé une grande maîtrise dans l'art de ne laisser paraître aucun désarroi sur son visage. Car la vie avec les autres deviendrait impossible. Pour eux. Pour soi. Sans cesse, on entendrait : qu'est-ce tu as ? Qu'est-ce qui ne va pas ? Aussi, depuis longtemps, on a appris à sourire. C'est-à-dire à s'abstraire.

On expose son visage à l'eau qui ruisselle comme à un baiser. On plonge dans l'onde d'une fontaine, une source de Jouvence, une résurgence connue de soi seule. On est presque effrayée de posséder une telle capacité de régénérescence. Quand l'eau vous coule sur le visage, les épaules, les omoplates, tout le corps, on écoute la mélancolie vous quitter et cette douleur du dos et de la nuque lâcher prise enfin. C'est à ce moment qu'on reçoit l'offrande des mots. Et ces mots sont toujours des mots d'amour. Surtout, ne pas les dire à voix haute. Peut-être même ne jamais les écrire. Les garder dans cette brume du souvenir et pourquoi pas, les jeter aux oiseaux qui s'en iront piaillant vers l'azur les colporter à d'autres oiseaux. Et ainsi de suite. Tant que le miracle de l'eau et des mots se renouvellera.

On sourit sous la douche. On sourit en songeant à quelqu'un qu'on aime. La tête rejetée en arrière, on garde les yeux fermés comme sous un baiser. On croyait avoir perdu la force d'aimer et pourquoi ne pas oser dire : le courage d'aimer encore. Car, parfois l'amour en demande du courage. Ce n'est pas si facile de persévérer. Cette pensée vous étonnera toujours. Certains matins au cœur lourd, on sent bien que tout vous est redonné à cause de cette eau providentielle. Les rois mages sont venus déverser le contenu de leurs coffrets sur le sol de la salle de bains. Le mica du sable brille aux ongles de vos pieds. On est prête à marcher dans le désert. À suivre une étoile plus scintillante que les autres.

La douche est installée face à une fenêtre. Pas n'importe laquelle. La fenêtre bancale d'une très vieille maison à la campagne. L'été, elle est grande ouverte. Presque obturée par un fouillis de branches où s'affairent des mésanges. L'hiver, au travers de la buée, on peut voir les touches de lumière d'un réverbère sur la neige. On entend aussi ce pépiement interrogatif des oiseaux sur la terre gelée, brusquement inhospitalière. C'est un chant qui serre le cœur.

On voudrait avoir le même courage qui vous gonfle les veines.

On voudrait avoir ce courage des oiseaux en hiver.

Plus rien n'est comme avant

À Liliane

Ces impressions-là arrivent subitement. Un jour, tu regardes autour de toi. Tout a changé. Plus rien n'est comme avant. Tu marches sur un trottoir ou sur un chemin de campagne. C'est l'automne. Tu penses aux automnes de ton enfance. Tu te souviens de l'incroyable exaltation que te procuraient l'odeur des sous-bois, la lumière du ciel, l'air soudain rafraîchi. Pourquoi n'est-ce plus ainsi ? Que s'est-il passé ? Tu as le sentiment que les gens autour de toi sont moins gais. Même ceux que tu connais depuis longtemps. Leur regard t'apparaît voilé comme derrière une vitre un peu terne. Leurs enfants crient tout le temps. Leurs chiens ne cessent d'aboyer. Tout ce monde te paraît trop bruyant. Trop turbulent. En même temps que trop absent. À moins...

À moins que ce soit toi l'absente.

Donc, tu marches au milieu d'un groupe. Beaucoup d'étrangers parmi eux, des Américains surtout. Tu t'es laissé embarquer, tu ne sais plus très bien pourquoi. Peut-être pour qu'on ne te redise pas que décidément tu n'es guère sociable, que tu ne t'intéresses pas aux autres et que tu aurais même une tendance à la misanthropie. Donc, tu es dans un groupe. Tu marches avec le groupe. Tu suis. Là où ils vont, tu vas. Quand ils s'arrêtent, tu t'arrêtes. C'est le groupe. *The group.* Ils parlent. Ils ne cessent de parler. Ils disent du bien du groupe. C'est un bon groupe. Homogène. Pas de brebis galeuse. Ils sont satisfaits. Ils se congratulent. Ils se félicitent d'avoir formé ce groupe. Tu te trouves sans doute dans un congrès où tout le monde parle anglais avec un fort accent américain, hollandais ou allemand. Ils sont vraiment très bruyants. Pour avoir la paix, tu fais semblant de ne rien comprendre. Sans cesse ils disent : *The group... The group...* – Toi, tu entends : Ze glupp... Ze glupp – *Really, it is a very nice group !* À ton intention quelqu'un dit : *Please come on ! Stay with the group...* Tu ne sais plus pourquoi tu es là. On a dû te traîner : Allez ! Viens ! Ça te changera les idées ! Tu voudrais être seule pour retrouver le vertige des automnes d'autrefois. Quelque chose que tu crois perdu. Tu te concentres sur la pointe de tes souliers qui soulèvent les feuilles mortes. Personne autour de toi ne fait ça. Au contraire, ils évitent de marcher dedans. Toi, tu éventres les tas de feuilles. Tu les ramasses. Tu les jettes en l'air, espérant rejoindre ton enfance quand elles se mettent à voler et à retomber doucement sur toi. Un quart de seconde, tu retrouves ta joie de petite fille, simplement parce qu'en tombant les feuilles frôlent tes épaules, ton visage, s'accrochent à tes cheveux. Comme autrefois, tu ressens la fulgurante impression d'être bénie.

C'est juste à ce moment que quelqu'un te parle. D'ailleurs, ils parlent tout le temps. Un flot continu. L'hémorragie de diverses stations de radio ouvertes toutes en même temps. Et ce terrible accent américain qui domine tout. Une mare aux canards. Une cacophonie continue. Un transistor endommagé qu'on ne pourrait plus éteindre. Toi, tu n'as rien à dire. Surtout à cet instant. Tu ne veux pas qu'on t'aborde. Ni qu'on te parle. Ni qu'on te pose des questions. D'ailleurs, tu ne pourrais pas répondre. Aucun son ne sortirait de ta gorge.

Tu laisses « Ze glupp » te distancer. Une sorte de cheftaine aux cheveux gris en brosse, yeux bleu d'acier, ayant servi dans je ne sais quel régiment, dynamique dans son jogging rose fuchsia, rappelle les brebis égarées. Te voyant traîner en arrière, elle désigne sa montre. Tu fais semblant de ne pas voir. De ne pas comprendre. Tu entends à peine l'injonction : *« Come on, please ! Come back ! Stay with us ! Stay with the group ! »*

Dans ton crâne, il y a ce martèlement : « Ze glupp ! Glupp ! Glupp ! Glupp ! » Le cauchemar des sorties de classe de ton enfance, en rang deux par deux. Coups de sifflet. Ils viennent de casser ton rêve. Tu regardes le sol. Tu traînes les pieds. Tu musardes loin en arrière. Comme en colonie de vacances ou chez les scouts. Tu te dis pourvu qu'ils me fichent la paix. Pourvu que j'arrive à respirer un peu l'air de cet automne. Partez ! Avancez, the gluppp ! Je vous en supplie ne m'attendez pas, ne venez pas me rechercher ! Allez glousser plus loin !

Je pense à mon voisin agriculteur qui élève des pintades. Je lui demandais pourquoi lorsqu'une pintade glousse, toutes se mettent à glousser, pourquoi lorsqu'une se déplace dans un sens toutes vont dans le même sens. Il me fit cette réponse : « Parce que ce sont des animaux qui ont un très fort sens social. Le sens du groupe, vous comprenez ? »

Je continue de regarder par terre dans l'espoir de trouver les cailloux blancs du Petit Poucet, une plume d'oiseau, une écorce de bouleau dont les empreintes sont comme les signes d'une langue indéchiffrable. J'espère découvrir une feuille plus rouge, plus brillante que les autres. Et pourquoi pas, je l'ai si souvent espéré, une jeune chouette tombée de son arbre. Un oiseau de nuit pour partager ce refus du monde que je sens grandir en moi. Ce début de cécité. La volonté d'être sourde. Ne plus voir, ne plus entendre ce qui m'accable et ne cessera jamais.

Je suis loin derrière le groupe. Je me cache derrière les arbres pour que la cheftaine rose ne me voie pas. Surtout, échapper à leurs voix. Je commence à percevoir l'odeur des champignons, des fougères. Les grandes odeurs des promenades d'autrefois où la vie n'avait pas de fin, où les baisers étaient donnés sur l'humus des sous-bois.

Mais tout de même les gens d'aujourd'hui, les gens ne sont plus comme avant. C'est vrai aussi que tu n'as jamais été d'une gaieté explosive, riant, criant à tue-tête comme font tant de filles. Tu te souviens d'avoir partagé des regards souriants, des éclairs de joie, le désir de courir ou de jouer à cache-cache ou à colin-maillard. À cette simple évocation, tu ressens encore aujourd'hui un fourmillement d'impatience dans les mollets. Et si tu recommençais ? Mais tu restes immobile. De plus en plus en retrait. L'idée de te retrouver avec des enfants braillant, sautillant autour de toi, te terrasse d'avance. Aujourd'hui, tu n'as envie que de silence et de solitude. Autrement dit de paix. Sans doute à cause des mots qui se bousculent dans ta tête. Seuls les souvenirs d'enfance t'apportent un peu de joie et cette ébauche de sourire qui ne manque pas de faire dire aux autres :

– À quoi tu penses ? Pourquoi tu souris ?

Petite, c'était pareil. Dans un groupe tu étais toujours la dernière. Tu pensais déjà à ton enfance s'enfuyant et qu'elle finirait bien par mourir tout à fait sous les contraintes et les conventions. Tu essayais de tout retenir. De tout contenir. Comme sur ces quais de gare quand on regarde un train partir. Et qu'il y a quelqu'un qu'on aime dedans. Quand on est petit, c'est souvent un père qui prend le train. Dans ton cas, c'était un père qui partait à la guerre. Qui dira jamais le chagrin d'une enfant de neuf ans qui regarde s'éloigner le train qui emporte son père à la guerre ? Ce chagrin-là, un trou d'obus dans la poitrine. On dirait qu'on vous enfonce des oursins dans la gorge. On dirait qu'on pourrait en mourir. Est-ce que ça revient un père qui part à la guerre d'Indochine ? Est-ce que ça peut être tué ? C'est où l'Indochine ? Comme c'est terrible ce monstre qui souffle, crache de la vapeur, s'ébranle lentement pour disparaître dans la fumée. Comme c'est terrible ce bruit d'acier qui s'éloigne et de rester en pleurs sur le quai en agitant un mouchoir au bout de sa main.

Ce n'est plus pareil aujourd'hui. Les trains n'ont plus la même odeur. Dans mon enfance, les trains avaient une odeur de limaille, de poussière de fer et de charbon. Longtemps on en restait imprégné. Quand on retournait à la maison on avait ses vêtements, ses cheveux, ses mains qui sentaient le train. Longtemps.

Tu continues à marcher le plus loin possible des autres pour laisser remonter les souvenirs. Celui du train, tu ne sais même pas comment il est venu, ni ce qui l'a déclenché. Ah ! oui, cette histoire de tout retenir, de tout contenir, peut-être...

Enfant, tu te souviens que tu n'aimais marcher qu'à bonne distance des autres. « Toi, là bas, reste groupée ! » Tu l'entendais plusieurs fois. Tu détestais aussi les commentaires dans les musées ou les sorties dans la nature, qu'on appelait « étude du milieu ». Tu détestais qu'on te demande de regarder tel paysage ou telle peinture. Autrement dit qu'une voix au timbre généralement insupportable t'empêche de rêver.

– Regardez, un écureuil ! Regardez, une fleur ! Quel nom porte-t-elle, les enfants ?
– Colchique, madame !
– Bravo ma petite Martine !

– Sur ce tableau, comment définiriez-vous cette expression sur le visage de la jeune fille ? Gaie ? Mélancolique ? Amusée ? Qui veut répondre ? Oui, Martine ?

– Mélancolique, madame.
– Bravo Martine. C'est toujours vous qui répondez.

Répondre à voix haute brisait le rêve. L'écriture naissait du rêve. Et l'écriture c'est du silence. Une autre façon de parler.

Aujourd'hui dans le groupe qu'on suit, c'est un peu la même chose. Toujours les mêmes qui commentent, parlent plus fort, vous disent ce qu'il faut regarder, ce qu'il faut en penser. Les boute-en-train du groupe. Les anciens premiers de la classe. Ceux qui ont réponse à tout. Ils connaissent par cœur les dates de naissance et de mort des rois. Celle de l'édit de Nantes. Assassinat de Henri IV. Marignan ? 1515. La seule date que j'aie retenue. Mais je ne lèverai pas le doigt. Je ne le dirai pas. D'ailleurs, je n'en suis pas sûre. Eux sont toujours en compétition. Toujours dynamiques. Les incontournables rescapés de l'émission : question à mille francs. On voudrait bien avoir le cœur assez vaste, assez bon pour les aimer tous ces gens. Chacun a dû avoir son lot de joie et de larmes. Sans doute, mais c'est séparément qu'il faudrait les rencontrer. Le groupe aplanit les différences. Le groupe est un bulldozer.

Alors tu retournes marcher dans les tas de feuilles que tu soulèves avec la pointe de tes souliers pour que s'en dégagent les grandes odeurs d'automne. Tu les lances en l'air pour en recevoir au moins une sur ton visage. Mais tu n'éprouves plus rien.

Bien sûr que tout a changé. À commencer par toi. Et si plus rien n'est comme avant, c'est que tu as peut-être perdu, toi aussi, beaucoup de ton insouciance...

La tartine de saindoux

À Julien-Hugo

Ce qui est sûr, c'est qu'aujourd'hui on ne vous la ferait plus avaler. Pas même goûter.

Mais avant, à peine sortis de l'adolescence, quand on avait faim et qu'il n'y avait rien, c'était bon. Et puis on n'avait pas le choix.

Il faut imaginer l'hiver. La jeunesse. Les années soixante. Vingt ans. Une certaine misère qu'on cache sous le nom de bohème. Pour tout habitat une toile de tente. Une vraie faim. Tout est exaltant. Même le froid. On attend que la manne vous tombe du ciel. On n'a peur de rien. On a des pensées comme : À chaque jour sa peine... Dieu pourvoira... Frappez, on vous ouvrira... Quelque chose finira bien par arriver...

On est sous une tente dans un camping municipal, peut-être en Auvergne, peut-être dans le Lubéron, on ne sait plus très bien. On change tous les jours. Partout c'est beau. Le ciel. Les montagnes. L'eau des rivières glacée et fumante. Ce qui est sûr, c'est qu'on est en hiver. On a froid, mais on sait qu'on ne doit pas geindre, puisque après tout on a choisi cette existence contre l'avis de tout le monde. On a suivi un artiste peintre absolument fauché. On pense que c'est Van Gogh. On peut dire qu'on se nourrit d'amour et d'eau fraîche. C'est incroyable l'amour, on danserait pieds nus dans la neige.

Dans la ville qu'on vient de traverser on a tiré pour l'artiste peintre les sonnettes des notables, espérant leur vendre une aquarelle, une gouache, un tableau peint à l'huile. On arpente les rues avec un bébé dans les bras. Magnifique le bébé. Lourd. Bien portant. Les joues pomme d'api. On frappe aux portes. Pour se donner du courage, on se répète des phrases de l'Évangile : Frappez et on vous ouvrira... Demandez et vous recevrez... Fin de non-recevoir. Portes qui se referment. Volets qui claquent. Rien. Niet. Chou blanc. Chou maigre. Pas de chou du tout. On se dit que quelque chose d'extraordinaire va nous sauver. Un passant qui achèterait le contenu du carton à dessins d'un coup. Sans même regarder ce qu'il y a dedans. Après il vous inviterait dans un café. Pour la petite ce sera un lait chaud sucré au miel. Pour nous, café et sandwichs. Mais non, rien de la sorte n'arrive.

Les poches vides, on retourne au camping municipal. On cherche dans le coffre de la vieille Panhard qui perd son huile s'il reste quelque chose à manger. Au fond d'une cagette on finit par trouver une carotte, deux oignons, du gros sel, quelques feuilles de laurier, un demi-paquet de saindoux, un flacon de Viandox, du pain rassis, un tube de lait concentré déjà entamé, une boîte de Blédine instantanée.

C'est alors qu'on se souvient d'une recette donnée par un ami russe qui avait traversé de terribles hivers avec toute sa famille. Dans le coffre de la voiture il y a tout ce qu'il faut pour la confectionner cette recette et même un peu plus. Et la petite aura sa bouillie. On lui prépare son biberon. On fait tourner la voiture pour y installer l'enfant afin qu'elle ait chaud. Prise d'une véritable exaltation, on sort la poêle et le réchaud à gaz. À la lueur des phares mis en veilleuse on installe son campement. On s'accroupit face à la petite bouteille de Butane posée à même le sol. Dans ce rond d'herbes éclairé, on se sent protégé de tout. On est dans un cercle magique. Lumineux. On est attentif à chacun de ses gestes. On ne lâche pas la queue de la poêle qui se trouve en équilibre dangereux. Un mouvement maladroit et tout verserait dans l'herbe. On éprouve une joie insensée à regarder fondre le saindoux selon les recommandations de l'ami russe. Quand il commence à frémir, on y ajoute un oignon émincé. On laisse dorer tout doucement. Dans cette position d'accroupissement, il semble qu'on soit dans une des premières nuits du monde. On réduit la flamme. Pour que la préparation évite d'attacher, on la tourne avec une cuillère en bois. On ne la quitte pas des yeux. On reste sourde aux lamentations du peintre qui maudit tous les dieux de la création de ne pas voir son génie reconnu. On ferme les yeux pour rendre grâce à je ne sais qui de cette nourriture providentielle. On a la certitude aussi que la vie changera bientôt et sera plus douce. En attendant, jamais on n'oubliera cette odeur d'oignons rissolant dans cette nuit d'hiver où la température est descendue quelques degrés au-dessous de zéro. Curieusement, la poésie est là, aussi, dans ces instants que certains appelleraient triviaux. Elle est là, comme une main fraternelle. Dans ce fumet qui monte vers un ciel rempli d'étoiles brillantes et glacées. Si peu clémentes. Elle est dans la joie distante et grave qu'on éprouve à l'idée de bientôt calmer sa faim.

Maintenant, il va falloir verser la préparation dans un bol et attendre que le saindoux fige. Vu le froid, ce sera vite fait. En attendant, on passe le pain dur à la flamme pour le griller, pour se réchauffer les doigts et pour sentir son odeur.

Tandis que la petite boit son biberon, calée dans des oreillers bien au chaud sur la banquette arrière de la voiture, on commence à étaler le saindoux où sont confits les anneaux de l'oignon revenu. On l'étend sur le pain qu'on vient de passer à la flamme du gaz. Dessus, on émiette un peu de gros sel comme l'ami russe a recommandé de le faire. On accompagne le tout d'un bol de Viandox chaud. C'est le luxe. Le goût, l'odeur, le bonheur de manger cette tartine de saindoux, dehors, par une nuit de gel, on ne lcs retrouvera jamais plus.

On ne sait pourquoi on pense aux Esquimaux sur la banquise. On a un peu l'impression d'être des Esquimaux. Et l'on est pris d'un grand fou rire sous la lune, accroupis dans ce rond d'herbes que le gel rend craquantes sous nos pieds. On rit de froid. De chaud. On rit comme si le Viandox c'était du champagne. On rit d'avoir été rassasiés par une si bonne tartine. On rit d'être jeune, de n'avoir mal nulle part. On dirait que le ciel s'est renversé.

On est secoué de rire à l'idée d'avoir joué un bon tour à la vie. On rit tellement qu'on dirait qu'on file comme une comète dans le scintillement d'un champ étoilé.

Volupté de se rendormir après une nuit d'insomnie

À la mémoire de
ma grand-mère suédoise
Hermine Backlund

J'écris après une nuit d'insomnie où tout était louche, pesant. Angoisse insurmontable. Problèmes insolubles. Deux heures du matin. Venant de très loin, j'entendais la première phrase d'un livre que je devais écrire. Impossible de la saisir, d'en comprendre le sens. Cependant, on chuchotait à mon oreille ce vers de Victor Hugo : « On doute la nuit... »

Avant je dormais si bien. N'importe où. Sous un arbre. Sur la pierre. Sur une mauvaise banquette. Rien n'avait raison de ma quiétude, de mon sommeil, pas plus que de mon dos. Voilà que pour moi aussi le temps est venu de ne plus trouver la paix. De mal dormir. De me lever moulue. Au cœur de ces nuits blanches, des tracas insignifiants prennent des proportions démesurées.

Alors, on guette vers la fenêtre. On voudrait que l'aube arrive car on sent qu'on pourrait être ensevelie sous le sable des mauvais rêves. Sous les plis des draps au relief lunaire. On guette l'aube. Le premier signe en est ce liseré bleuté ourlant les doubles rideaux. Arrive la clarté. Les coqs se répondent. Les premières sonnailles. On dirait que l'écho d'une enclume bat l'air. On écoute le chuintement des roues des automobiles sur l'asphalte mouillé. Les bruits de la vie éclaircissent enfin l'eau saumâtre des cauchemars.

D'habitude, on est debout bien avant l'aurore pour raison d'école et de travail. Mais aujourd'hui, on pourra se rendormir comme une enfant dans la paix dominicale. Au travers de ses paupières, on perçoit la montée du jour. On aime *l'aube* que tant de poètes ont chantée. On cherche refuge dans les poèmes qui contiennent ce mot. Les mots veillent au pied du lit. Une armée de mots. Petits soldats de notre enfance. Sentinelles minuscules, tout droit sortis du conte d'Andersen *L'Intrépide Soldat de plomb* : « Il y avait une fois vingt-cinq soldats de plomb, tous frères puisqu'ils avaient été fondus avec l'étain de la même vieille cuillère... » Au travers des rideaux perce enfin un peu de cette clarté et l'on vogue vers un sommeil enchanté, comme il y a bien longtemps, quand une voix dans le noir nous rassurait.

Et déjà d'une présence invisible, on sent sur son front l'effleurement d'une main légère ou la pointe d'une aile... Serait-ce le fantôme aimant de celle qui se pencha sur nous aux premiers jours de notre vie...

Un amour invisible

Pour Sylvie
et Jean-Paul Bertrand
en reconnaissance

Je me promenais au côté d'un amour invisible. Difficile de dire ce qu'est un amour invisible. Le vent brusquement changé en caresse sur son front. Une pluie fine et soudaine sur un trottoir brûlant. Un éblouissement qui dure quelques secondes. Impossible d'expliquer ce quelque chose en soi qui s'est installé plus fort, plus haut que le chagrin. Un sentiment maintes fois frôlé dans sa vie et qu'on fuyait. Par peur. Une véritable peur de se retrouver autre, arrachée à la glaise, volant vers les cimes. Légère. Poreuse. Beaucoup trop. Cette impression d'échapper à soi-même, de se trouver en accord parfait avec un monde impalpable et d'y renaître sans cesse, cette impression existait déjà dans l'enfance. Sentiment de n'être pas tout à fait seule. À vrai dire de ne l'être jamais. De ne l'avoir jamais été.

De même qu'on se réjouit d'entendre les cigales sur un chemin d'été et que ce chant mêlé à la lumière est en accord avec ce vide heureux qu'on sent grandir en soi, on se réjouit également de cette absence mystérieusement convertie en présence. Alchimie d'un amour invisible qui inlassablement vous accompagnerait sur les routes, dans les trains, les chambres de passage. Partout. Se promenant, partageant vos repas, se couchant près de vous. Remplissant le gouffre qui chaque jour s'élargit en vous, le comblant de paroles envolées, murmures, chuchotements, conversations interrompues des morts aux vivants. Non, je ne sais toujours pas comment nommer ce vide effrayant où parfois je puise une joie insensée. Très proche de l'amour, mais sans la possession, sans l'incarnation, sans compensation, sans consolation. Et surtout sans rendez-vous. Une fulgurance pour rien. Apparemment rien.

Certains jours, pas même le silence d'un chien ne me consolerait. Pas plus qu'une marche sous un ciel étoilé. J'ignore jusqu'au nom de cette peine qui ne veut pas céder. Depuis l'enfance elle ne fait qu'augmenter. Je me demande à quelle source cachée je puise mes forces pour continuer de vivre, rire ou faire semblant.

Si rien ne m'aide quand je m'enlise dans ces eaux marécageuses, les mots qui me viennent sont des courtes échelles. Les écrivant, ils me sauvent de morts multiples, d'une mélancolie qui certains jours m'apparaît insurmontable.

Alors, je m'amuse à faire une liste de ce que j'ai aimé, de ce que j'aime toujours. Liste des joies, des courts éblouissements qu'on n'a pas toujours su reconnaître quand ils passaient. Pour me donner du cœur à l'ouvrage, je bats le rappel des bonheurs simples qu'on sait rarement accueillir quand ils sont là. Je m'oblige à ce devoir de mémoire avant que ma capacité à me souvenir ne s'opacifie ou ne s'endeuille trop lourdement et que je n'aie plus le goût ni la force de consigner la moindre menotte de bébé, la moindre bille d'agate aux trois quarts enterrée, le moindre coquelicot.

Allons-y pour la liste :

– *L'odeur de la soupe aux poireaux.*

À la sortie de l'hiver, sans doute en avril, dans une maison de village modeste dont les dalles de cuisine encore humides viennent d'être frottées au savon noir, l'odeur de la soupe aux poireaux, pommes de terre. Sur le seuil de la porte une très belle vieille dame aux cheveux blancs et mousseux, coiffés en bandeaux, vous attend. Elle porte un grand tablier bleu ciel. Vous êtes son hôte. Elle vous prie d'entrer.

– *L'odeur d'une vieille machine à coudre.*

Garder l'idée. Odeur de l'huile de la machine à coudre, des cannettes. Sous les pieds, le mouvement feutré du pédalier. À écrire.

– *Les bruits d'une ruelle à Paris.*

Il fait chaud. On déjeune à la terrasse d'un restaurant dans une petite rue du sixième arrondissement. Pas de voitures. Juste le frottement d'un grand balai vert dans l'eau du caniveau. Le tintement des carafes et des couverts. Les conversations et les rires étouffés. Par-delà les toits d'immeubles un ciel napolitain.

– *Passage de la nuit au jour.*

Dissipation de l'angoisse. Déjà écrit.

– *Tenir la main d'un enfant sur le chemin de l'école.*

À écrire. Déjà écrit peut-être ?

– *Recevoir l'eau du matin sur son visage et son corps.*

Comme une résurrection. Déjà écrit.

– *Suspendre du linge au-dehors.*

À écrire.

– *Natter les cheveux de sa fille.*

Déjà écrit.

– *Le camion à pizzas l'hiver.*

Son four à bois. Les flammes. L'odeur de la pâte cuite qui se répand dans le froid. La mine soudain enfantine des gens qui attendent emmitouflés. Chacun se tait quand, au bout de la pelle de bois au long manche, on pousse la pizza sur les braises et qu'elle ressort odorante, craquante. Le camion stationne face au cimetière chaque jeudi soir. L'hiver, quand il gèle très fort, c'est étrange cette odeur de vie, de pâte qui cuit dont le fumet va vers les morts. On ressent à cet instant comme une communion de pensées. Une sorte de messe. Je crois que chacun songe à la chance qu'il a de pouvoir sortir un billet de cinquante francs. Beaucoup ont sans doute une pensée pour ceux qui ne peuvent plus s'acheter même une pizza au camion. Chacun imagine que ça pourrait lui arriver aussi. Il y a toujours une sorte de gravité au moment de tenir en équilibre sur ses deux avant-bras le carton presque brûlant contenant la pizza sortant du four qui embaume l'air glacé jusqu'au cimetière. Sur des visages ingrats, parfois de véritables trognes, on peut lire une certaine gravité et comme une lueur de reconnaissance pour l'artisan qui stationne avec son camion sur la place du cimetière même les nuits d'hiver quand dehors tout est figé. L'intérieur du camion à lui seul est comme une fête avec ses ampoules de couleur, la flamme toujours vive de son four, le miroir du fond dans lequel on se voit en train d'attendre patiemment son tour. Et puis cette promesse de combler sa faim. Le camion à pizzas est une véritable attraction au cœur des villages engourdis par l'hiver.

– *Écouter le vent derrière une fenêtre ou une porte qui ferme mal.*

À écrire.

– *Nettoyer la pierre d'une tombe.*

Pour y retrouver les lettres, la date et le nom. À écrire.

– *Une tartine de saindoux.*

Ne pas oublier le gros sel. Le bol de Viandox fumant bu dans le froid. La brume. Les pieds dans la rosée. Mais suis-je bête, je viens de l'écrire.

– *Se laver les cheveux à l'eau d'une fontaine.*
À écrire.

– *Une bille d'agate.*
Trouver une bille d'agate à moitié enfouie dans le sol.

– *Avoir un début d'onglée.*
Une façon de se rappeler les rudes hivers de son enfance à Belfort. Mais savoir que la maison chaude n'est pas loin.

– *Soigner un enfant très peu malade.*
Adorables instants volés à la société. À l'école surtout.

On utilise à peine de médicaments. Juste des caresses avec des onguents aux odeurs de camphre pour le côté solennel. Des huiles essentielles aux senteurs balsamiques et de lavande pour le plaisir.

– *S'acheter une jacinthe bleue, presque violette en hiver.*
La regarder longuement. Trouver des forces nouvelles en respirant son parfum.

– *La cueillette des framboises.*

En plein midi au mois de juillet se donner comme mission de cueillir des framboises pour le dessert familial. Mais une fois devant les arbustes, commencer à les manger toutes. Foin de tartes, de sucre, de crème fleurette. Appeler les autres pour leur dire que le dessert, ils n'ont qu'à le cueillir tout de suite à l'arbuste. Ceux qui n'aiment les fruits que sur une tarte feront la tête. Peu importe. Gorgés de soleil, c'est à l'arbuste que ces petits fruits sont les meilleurs. Et puis on a curieusement l'impression d'être pris en faute. C'est sans doute parce qu'on n'est pas à la cuisine à faire ses preuves devant les fourneaux. S'en moquer. S'en battre l'œil. S'en ficher éperdument. N'éprouver aucun repentir. Les tyrans culinaires n'ont qu'à apprendre à cuisiner. Désobéir. Surtout désobéir. Ajouter au plaisir de désobéir celui de sentir fondre les framboises dans sa bouche en plein midi sous un soleil de juillet. Tout près, un parterre de menthe poivrée n'en finit pas d'ajouter à l'enchantement. En mâcher une feuille. Ne plus penser aux autres qui vous tannent et attendent votre retour avec un panier plein. Les laisser à leur dépit de tarte confisquée. Je rêve assez souvent de les entartrer. Jouir enfin de cette désobéissance de petite fille.

– *Se réveiller. S'étonner de n'avoir mal nulle part.*

Cela semble normal. Mais quand on a su ce qu'est la douleur, c'est un petit miracle. Volupté infinie de sentir couler dans ses membres et tout son corps une quiétude heureuse.

– *Comment et pourquoi j'ai écris* La Grosse.

Comme une vanité de Georges de La Tour.

Et parce que mes yeux se sont souvent posés sur des êtres apparemment ternes, rayonnants d'une lumière qui passe inaperçue.

– *Goûter un très grand cru dans un verre qui magnifie le vin.*

À écrire.

– *La première neige.*

Regarder tomber les flocons. Un phénomène qui déclenche l'apaisement et l'écriture.

Je l'ai maintes fois écrit.

– *La lampe allumée.*

À écrire.

– *Au réveil ouvrir sa fenêtre sur une prairie. Au même instant entendre sonner les premières cloches.*

À écrire. Mais attention, risque de dévier sur l'amour. Pas de fureur érotique. Pas pour ce livre en tout cas...

– *Confection du pain perdu.*

À écrire.

– *Si les oiseaux s'arrêtaient de chanter.*

Oui. Et si les oiseaux s'arrêtaient de chanter... Petite phrase qui n'a l'air de rien. Mais quel tombeau. Quel silence menaçant dans le ciel qui deviendrait notre tombeau. Et si les poissons crevaient tous... Et que toute l'eau soit empoisonnée. Et s'il n'y avait plus d'herbe, plus d'arbres, plus d'air pour respirer. On y vient de toute façon. On peut dire qu'on y est. Et si tous les visages se figeaient d'un coup, si plus personne ne souriait... Il m'arrive d'égrener la liste interminable de ce qui pourrait arriver de terrible, un peu à la manière des enfants quand ils s'amusent à surenchérir sur toutes les catastrophes possibles. Après cet exercice, je me sens riche, incroyablement comblée d'avoir encore mes yeux pour voir ce que je vois. Ce matin, une touffe de perce-neige qui s'acharne à pousser au travers d'une plaque de béton. Oui, des signes comme celui-là, la certitude d'être accompagnée d'un amour invisible, voilà ce qui doit me suffire aujourd'hui. Loin des larmes, des trahisons, des autres amours. J'aime et je suis aimée d'un amour invisible, impalpable, intraitable, universel. Voilà qui est suffisant. Les préambules à cet amour étant la capacité de reconnaître la joie où elle se trouve.

Mon téléviseur est en panne

Voilà trois mois qu'il est en panne. Au début j'étais en manque. Furieuse même. Comme un fumeur qui ne trouve plus de cigarettes. Et puis très vite, j'ai aimé ne plus voir les images qu'on nous impose. Ces visions qui font de moi une voyeuse impénitente. Toujours plus de monstruosités, de saloperies. Bien sûr quelques rares émissions, programmées généralement très tard le soir, me manquent, mais tant pis.

Dans ma fabrique des minutes heureuses je peux en compter un peu plus, des minutes. Celles que le petit écran ne sera pas venu gober dans mon cerveau.

Les nouvelles du monde m'arrivent dans ma voiture. Juste ce qu'il faut. Ainsi, ce matin, 4 février 1998, j'apprends que Karla a été exécutée malgré le recours en grâce du pape.

C'était hier au soir, au Texas, à une heure du matin, heure française. J'ai su la nouvelle à la radio tout à l'heure en buvant un café. Je pensais, tu es là dans l'odeur de ton café et pour elle, la chambre d'exécution sentait déjà la morgue. J'ai pensé à elle avant. Maintenant, j'y pense après. Mais cette nuit, j'ai dormi. Rien ressenti. Rien. J'ai regretté d'avoir dormi.

C'est surtout ça les informations. Dormir pendant qu'on tue.

Foin des minutes heureuses

Pour Zaza et Maurice
avec tendresse

Juin. Le temps des cerises. Midi. Plein d'enfants. Pour déjeuner on s'est installés sur l'herbe d'une prairie ensoleillée. Arrive au courrier la nouvelle d'un deuil et la vie jette comme un linceul sur ce qui était parfait. Voilà qu'il faut replier la nappe, ranger la vaisselle et le pique-nique dans les musettes, rapatrier les enfants.

C'est dur de rester dans la ronde des minutes heureuses. Au fond, c'est éreintant cette course aux minutes heureuses. On se demande si cette entreprise de les consigner, de les faire entrer dans ce livre, a encore un sens. C'est comme un carrousel dont on ne pourrait plus descendre. On ne sait plus quels pauvres bonheurs, misérables miettes sauver dans ces naufrages quotidiens. Impression d'arriver au bout de ce devoir de mémoire. On se dit que c'est pour les enfants, afin que plus tard ils sourient en lisant ces lignes. Cependant, l'impression d'errer dans sa propre mémoire, de s'y trouver en exil, est de plus en plus vive. Les souvenirs resurgissent mais vous sont devenus étrangement distants. On se souvient de la joie éprouvée. Mais aujourd'hui, on ne peut plus ressentir ce qui vous a transportée, percutée, éblouie la première fois. C'était trop immense. On a juste la capacité de l'évoquer et d'en sourire. De l'écrire aussi, ce qui permet de le revivre d'une autre façon. Si on consent à se laisser déposséder lentement de ces joies de toutes sortes, c'est parce qu'on est arrivée aux deux tiers de sa vie et qu'on s'exerce à laisser filer au large tout ce qui vous enchantait. Les enfants, l'amour, les plaisirs, le succès, les voyages, les rencontres... On pratique une sorte de détachement, de mise à feu, même de ses souvenirs. Bien sûr, on secoue encore sa mémoire comme un arbre rempli de fruits mûrs pour qu'ils tombent en abondance. Et vite on les ramasse, on se dépêche avant que n'éclate l'orage ou une nouvelle ère de terreur et on se sauve. Sans se retourner, sans regarder derrière soi la foudre ou la guerre qui menace.

Où trouver la force d'aimer encore ? Panser, soigner, raccrocher cette vieille histoire de l'amour, du don de soi. Il y a des matins lourds, sales et gris. Les plus vieux matins du monde où se lever, rencontrer même ceux qu'on aime, aller à ses occupations est au-dessus de ses forces. On est pris dans un étau de fin du monde, d'une catastrophe imminente. La lassitude a tout gagné. Probablement, il resterait un sursaut, quelques forces pour courir devant une nuée ardente, quelques forces encore pour en entraîner d'autres et se sauver.

Mais où sont les nuées ardentes ?
Qu'est devenu l'amour ardent ?

Certains jours on voudrait s'enfuir loin de ceux qu'on aime et dont on a la responsabilité. Leur amour tyrannique vous prive de la liberté que vous aimez par-dessus tout et fait de vous une lionne en cage. Oui, certains jours, on voudrait s'enfuir loin pour aller cacher je ne sais quelle peine monstrueuse. Et si ces minutes, soi-disant heureuses, n'étaient que des boulets qui vous entravent, vous empêchant de mener votre vie à vous ? Une vie libre et pleine d'insouciance. Il y a longtemps que vous n'avez pas sauté dans un train sans être obligée de prévenir un tas de monde, de tout organiser pour qu'on vous remplace auprès des enfants. Vous ne pouvez jamais partir sans avoir à préparer votre absence. Même pour une demi-journée.

Il vous faut alors imaginer d'autres escapades. Immobiles. S'asseoir sur une pierre au bord d'un chemin et faire le compte de ces bonheurs de rien. Y en a-t-il eu autant qu'on le dit ? Ne faudrait-il pas plutôt considérer qu'on a le don de transformer un instant tout à fait banal en un événement de conte de fées.

Consigner aussi farouchement les très heureuses minutes ne serait-ce pas la conséquence de cet entêtement ? On a fondé toute sa vie à trouver dans l'accomplissement des plus petites choses une sorte de miracle qui s'ajoute à un autre et ainsi de suite pour tenir tête à la mort qui rôde.

Mais dans ce livre, c'est la règle qu'on s'est imposée, on s'est interdit de laisser jaillir trop vivement tout chagrin, toute mélancolie. Alors on retourne prendre sa place dans cette peinture de Vermeer qu'on n'a jamais cessé d'habiter. On retourne à cette lumière d'éternité sur le geste de la Laitière versant le lait dans la jatte. Rien que la lumière silencieuse sur ses mains creusant la farine en puits pour y casser les œufs. Silence sur la farine, le lait, les œufs. Et patience. Patience pour aller à la capture d'une minute heureuse. Ne penser qu'à la seconde présente. Ne pas se laisser noyer dans les larmes qui montent. Ne pas se laisser couler vers le fond par ce poids dans la poitrine que fait le cœur gros. Évacuer les rancœurs, les regrets. Ne plus songer aux terribles renoncements. Respirer. Bien respirer. Garder la minute heureuse qu'on a toujours su reconnaître comme un diamant au fond de sa poche de tablier. Pétrir avec la pâte les chagrins, les amours, les secrets. Bien pétrir. On se souvient qu'en d'autres temps, d'autres lieux, une autre lumière, qui était pourtant la même, tombait sur la table et sur ses mains creusant dans la farine une fontaine pour y casser les œufs. Derrière les persiennes on entendait bourdonner la lumière dans le silence d'été. Tout était trop plein. Trop lourd. Trop heureux. Jusqu'à ce baiser dans sa nuque et les mains d'un amant laissant sur votre peau l'empreinte de la poussière de froment. Mais une fois encore, la règle c'est de ne point en parler ici. Trêve de soupirs et de rêveries amoureuses.

Au lieu de vagabonder dans les souvenirs, pétrir la pâte sans relâche. Elle doit être souple, légère et bien aérée. Perdre cette habitude de penser aux choses de l'amour quand on a les mains dans la farine. Continuer à pétrir. Ne penser qu'à pétrir. Être à ce qu'on fait. Puis, laisser reposer la boule de pâte sous un linge dans un endroit frais, à l'abri des courants d'air. Pendant ce temps, peler les pommes. Les couper en gros quartiers. Choisir un moule de bonne dimension qu'on prendra soin de beurrer largement. Dans tous les livres anciens de recettes, c'est toujours écrit : *Choisir un moule qu'on aura soin de beurrer largement*. On ne sait pourquoi, cette expression fait naître un léger sourire. Peut-être parce que cette abondance nous ramène à des moissons, des récoltes, de mystérieuses transhumances qu'on n'a jamais accomplies et pourtant on y est toujours. Toute une opulence de seigle et de blé. Entre ses doigts, on sent s'écouler des fleuves de grains blonds. On est aussi dans une arrière-cuisine si fraîche en été, où la crème dormante versée depuis la veille dans de grandes jattes attend d'être barattée. Aujourd'hui, crème et beurre sont farouchement déconseillés, voire interdits. Un certain trouble naît soudainement à la pensée de ce mouvement de baratte, ce bâton agitateur de la baratte n'est pas sans rappeler certaines cadences de l'amour. Mais une fois encore assez de ces pensées obsessionnelles, toujours les mêmes. Décidément, j'ai du mal à respecter mon serment. Dans ce livre, j'avais dit rien sur l'amour, ce genre d'amour en tout cas. On verra pour les livres suivants. Se ressaisir. Allez ! en attendant étaler la pâte au rouleau. La déposer délicatement sur le moule. Piquer le fond avec une fourchette. Avec les dents de cette même fourchette on appuiera tout au long du bord du moule pour laisser dans la pâte une empreinte. Disposer les pommes. Saupoudrer de sucre roux et de cannelle. Râper sur le tout un zeste de citron. Émietter un peu de beurre. S'il vous reste de la pâte confectionner des croisillons que vous dorerez à l'œuf. Les enfants adorent les croquer. Penser très fort que c'est une minute heureuse. S'en convaincre. Mettre la tarte à four chaud quarante minutes. Servir tiède. Ne pas oublier la fameuse jatte de crème fraîche, source de pensées vagabondes et coupables. Laisser les buveurs de thé à leur breuvage. Mais pour ceux qui veulent vous accompagner, un vieux gewurztraminer vendanges tardives sera parfait quelle que soit l'heure.

Si la tarte est bonne, c'est que celle qui l'a faite y a mis beaucoup plus que son chagrin.

Garder au chaud
un enfant très peu malade

À Jean-Claude

C'est un matin d'hiver et de gel. On entre doucement dans sa chambre. On allume la veilleuse. On va vers son lit. L'enfant a quatre ans. En l'embrassant on se rend compte qu'il est fiévreux. Ses yeux sont anormalement brillants, sa bouche légèrement entrouverte, ses lèvres sèches. Sur ses tempes moites ses cheveux se sont mis à boucler. Il a les joues rouges comme des pommes d'api. On dirait un petit Renoir. Tranquille. Si tranquille. C'est fou ce que les enfants sont beaux avec une fièvre légère. On pose la main sur son front, puis sur ses lèvres pour avoir une idée de sa température avant de la lui prendre. Généralement on tombe juste. Les lèvres sur son front, on lui donne 38°6 et même un peu plus. Le thermomètre le confirmera. On sait ce qu'il faut faire mais pour être en paix avec sa conscience on appellera le médecin.

En attendant, on lui a donné à boire. On a rajouté un oreiller, changé son pyjama, remonté les couvertures, tiré un peu les rideaux pour que le jour ne blesse pas ses yeux. On regarde par la fenêtre tout ce givre qui s'étend par-delà routes et prairies. On regarde les arbres remplis de cristaux, les chevaux lourds en arrêt devant les fils de clôtures scintillants sous les premiers rayons traversant la brume. On pousse une chaise devant la fenêtre afin que l'enfant y grimpe et s'émerveille lui aussi de ce paysage nordique, radieux qui rend soudainement gai. On est dans l'illustration d'un livre de contes. Très loin en Scandinavie. Peut-être en Laponie. Sur un lac gelé. Avec d'autres patineurs, on se donne la main. On évolue, on glisse, on tourne, on rit. Rien n'est plus exaltant que d'être au monde dans cette lumière boréale rose et dorée, éclaboussant le ciel, la neige, le miroir du lac glacé. Les lames des patins étincellent comme les écailles des poissons quand ils bondissent hors de l'eau. Et après, tu vois, là, sur l'image on partira dans ce traîneau tiré par des rennes, loin, bien loin chez les trolls dans une cabane de la forêt. Il y fait toujours chaud car les trolls sont vaillants et passent une grande partie de l'année à couper, scier, empiler du bois pour de longs, très longs hivers. Comme ils sont aussi infiniment hospitaliers, ils nous offriront une soupe de fèves, une tarte aux myrtilles sauvages et du lait caillé. Après quoi, ils raconteront des histoires de trolls et nous nous endormirons dans un lit creusé dans un tronc d'arbre sous un gros édredon rouge reprisé, tout près de la cheminée. Le lendemain, ils nous feront cadeau de bottes fourrées pour qu'on puisse revenir chez nous. Regarde, comme la route qu'empruntera tout à l'heure la voiture du docteur se met à briller. On dirait qu'on y a renversé des diamants.

Aucun bruit ne parvient de l'extérieur. C'est à peine si on entend les oiseaux. Brusquement on se sent presque en état d'apesanteur, sur une autre planète ou dans un vaisseau spatial.

On est dans une sorte de ouate. La brume jette encore un voile sur la vie du dehors, la vie louche, dure, agressive. Lentement la maison s'est mise à tourner dans l'espace. Loin du crime et des mauvaises ondes. Ni radio ni télévision. Plus de nouvelles. Plus d'informations ni stupides cotes boursières. Vociférations autour de la corbeille. C'est pourtant un joli mot – corbeille – quand il ne désigne pas cette corbeille-là. Plus de braquages sanglants. Mitraillages. Tortures. Génocides. Esclavage et prostitution d'enfants. Déclarations de bon aloi. Mensonges politiques. Froide et noble distance de Mesdames et Messieurs les Bons Offices. Pour aujourd'hui, fini l'abomination. On arrête tout. On fait une trêve. On ne veut plus savoir combien d'enfants on égorge dans le monde à cet instant où l'on est assise près du sien, si peu malade, juste une petite fièvre. Sa main abandonnée, le poids d'un moineau dans la vôtre. On pense à toutes les frayeurs qu'on a eues dans sa vie avec ses autres enfants et avec celui-ci. On se sent toujours rescapée. On murmure quelle chance, quelle chance de s'en être sortis. Petits objets avalés. Fausses routes. Appendicites aiguës, deux fois. Cavalcades à l'hôpital. Urgences. Naissance dramatique. Soins intensifs. Et là, tout autour de soi, sous les néons de l'hôpital, les vraies épreuves auxquelles jusqu'à présent on a toujours échappé. Les morts d'enfants. La fin du monde.

Alors cette journée sera vite convertie en temps de grâce et d'amour. Une journée de grande complicité avec son enfant qui tout en sommeillant sent votre présence. La maison craque sous vos pas feutrés. De vieux meubles qu'on n'entendait plus. Et puis, il y a cette drôle de chanson dans les radiateurs. Et au mur de la cuisine l'énorme écumoire en cuivre rouge qui a toujours fait songer au balancier d'une horloge qui marquerait l'arrêt du temps.

Soudain on a des gestes de lingère. Tout vous ramène à des rites qu'on n'a jamais appris et qu'en temps ordinaire on n'accomplirait pas. On va chercher une taie d'oreiller en coton et surtout pas en Tergal. On la pose contre sa joue avec reconnaissance, on ne sait pas très bien pourquoi. On hache très finement un poireau et des carottes pour préparer un bouillon. La couleur vert tendre et orange de ces légumes, leur odeur quand ils cuisent créent un nouvel enchantement comme si ces gestes ancestraux qu'aujourd'hui on prend le temps de faire vous réconciliaient avec un autre temps, une sorte d'éternité qu'on ne vous vole plus.

Plus de courses folles, plus d'argent à gagner, plus de livre à écrire, plus de rendez-vous inutiles, plus de sombres crétins à convaincre, plus d'école, plus d'horaires, plus de voiture, plus de politique, plus de mensonges, plus d'informations, plus de bruit. Le silence. Rien que le silence et cet enfant si peu malade dont la fièvre est tombée. On écoute sa respiration calme qui vous permet de passer un long jour sans rien faire. Ce que la société appelle « ne rien faire ». Seulement accomplir des gestes d'amour qu'on commençait à oublier tant la cadence habituelle vous broie. De même que vous avait déserté ce sentiment presque religieux, cette conscience d'être rendue à une vie simple où apparemment il ne se passe rien qui puisse justifier de cette joie soudaine qui vous traverse et vous met les larmes aux yeux. L'éprouvant, on entend au même instant cogner à sa porte.

À l'intérieur de la maison-vaisseau qui s'est mise à tourner dans l'espace, on continue d'accomplir ces gestes que demain la fureur du monde vous confisquera, car notre société n'aime ni l'amour ni la lenteur. Ni le silence. Ni la gratuité.

Mais pour aujourd'hui, les démons auront beau cogner et vociférer à la porte, on n'ira pas. On n'ouvrira pas.

Une jacinthe bleue l'hiver

C'est presque rien. Une pauvre chose. C'est même assez laid au départ. Un bulbe dans un pot de plastique noir qu'on achète sur un trottoir à l'étal d'un fleuriste à la fin des courses. C'est une sorte de récompense qu'on s'offre on ne sait pas très bien pourquoi. On pose la jacinthe dans la cuisine sur une soucoupe, près de la fenêtre. On l'oublie. Un matin la tige est très haute. Les fleurs toujours fermées. On attend encore un jour. La grappe s'ouvre et c'est toute l'explosion d'un parfum presque fou, entre narcisse et lilas, qui s'exhale contre la vitre givrée. Ce qui ravit, c'est le contraste entre la neige au-dehors et ce parfum chaud. Par la fenêtre on regarde la campagne blanche où sautillent quelques oiseaux. Miracle pour rien. Pour soi seulement. Petits miracles quotidiens, cachant la haine et la mort qui rôdent partout. On pense à quelqu'un qu'on aime et qui est en train de mourir loin d'ici. Quelqu'un qui sait qu'il n'a plus que quelques jours à vivre à cause d'une maladie incurable. Par la pensée on voudrait lui transmettre un peu de la force et du parfum de cette fleur si vaillante en plein hiver. On se demande comment on peut attendre une mort ainsi programmée. Et dans le même temps comment on peut ressentir une telle joie, presque une reconnaissance face à une jacinthe. Petit miracle dont la première surprise est l'étonnement d'être encore là et d'éprouver de la joie malgré l'usure de la vie. On sourit comme lorsque enfant on trouvait une bille d'agathe par terre ou des morceaux de verre polis par la mer sur la plage. Oui, cette joie-là est intacte malgré tout.

Je m'acharne à écrire même sur une jacinthe.

Tu es en train de mourir.

Je suis en train d'écrire.

Le sacrifice de ta mort me ramène à ce qui fait le prix de la vie. Pouvoir respirer le parfum d'une jacinthe. Tu sens la vie te quitter. Tu dis que tu n'as pas bien su discerner ce qui en faisait le prix. Par ta parole de mourant, tu me fortifies, me ramenant à ce devoir que je me suis donné : consigner les joies minuscules.

J'écris pour toi ce que tu n'as pas écrit. Pas pu. Pas su. Pas voulu. Pas osé. Tu as l'impression d'être passé à côté de la vraie vie. Ce sont tes mots. Tes dernières paroles. Tu dis que tu ne peux te faire à l'idée que bientôt tout sera fini.

Quand tu étais en pleine santé, que tu allais et venais, je me souviens qu'une fois tu avais haussé les épaules à la vue d'une mère consolant son enfant qui venait de tomber. Il aurait fallu le laisser, disais-tu. Tu ne t'arrêtais pas pour regarder une fleur, un nuage. Tu étais pressé.

Aujourd'hui alors que l'étau se resserre, tu dis que tu es passé à côté de l'essentiel. Dans un souffle tu avoues que tu n'as pas su reconnaître les minutes heureuses.

C'est le matin très tôt. Dans le silence de la cuisine, on trouve soudain que le bulbe de la jacinthe est bien trop à l'étroit dans son logement de plastique. C'est un peu comme le supplice réservé aux pieds des Japonaises autrefois. Les marchands sont décidément impitoyables. On change la jacinthe de pot. On respire la terre noire. Il lui en faut vraiment très peu pour vivre. On a du mal à détacher son regard de ses fleurs bleu violine. La jacinthe est une plante qui tient compagnie. C'est aussi une fleur qui va bien à la cuisine. On aime regarder sa hampe remplie de clochettes ressemblant à des campanules s'appuyer contre la vitre givrée. Il y a toujours un moment où à force de la contempler on a envie d'aller vers elle pour la respirer et poser ses lèvres sur ses pétales. Elle vous attire comme la joue d'un enfant le matin, à peine réveillé et qui juché sur un tabouret boit son lait.

Mais il est temps d'aller vers sa journée.

Suspendre le linge dehors

À Rebecca et Merlin
Olivia et Altaïr
Hermine, Hugo, Pierre,
en complicité

Il faut déjà être au printemps. Comme pour une recette, je dirai : choisissez un jour d'avril encore un peu froid. Il vous faut aussi quelques rafales de vent chassant par à-coups les nuages afin qu'apparaisse le soleil dans un ciel aussi bleu que sur les glaciers. Au travers d'un châle de laine qu'on aura jeté sur ses épaules, rien ne semblera plus doux que ces premiers rayons sur une nuque un peu raidie par l'hiver. Ayez au moins trois cordes à linge et de bonnes pinces. Un grand panier et bien sûr un enfant qui vous accompagne. Un enfant des villes peut-être, qui n'a jamais vu suspendre du linge au dehors, en plein vent, en plein champ. Ou alors si comme moi vous avez la chance d'être grand-mère et d'avoir un petit-fils qui ressemble à Merlin, pose tout le temps des questions, s'active beaucoup à la campagne, n'a peur de rien, emmenez-le. Comme on est en avril et que le dicton dit qu'il ne faut pas se découvrir d'un fil, ne pas oublier de l'habiller en conséquence car le champ où l'on va est terriblement exposé aux courants d'air. J'oubliais, il vous faut donc un champ. Tout du moins qu'on vous en prête un. Un champ bien venteux, incultivable. Un champ du bout du monde, accessible seulement après qu'on a grimpé un chemin caillouteux, escaladé un talus. Un champ où souffle un vent de tous les diables. Avec quelques coups de bourrasque en plus. Car c'est très excitant de suspendre les draps tout en se battant contre des vents impétueux. Si vous n'avez pas ce genre de terrain à votre disposition, un bout de jardin conviendra. Mais l'aventure sera moins corsée. On verra que ce n'est pas une mince affaire d'aller suspendre du linge, dans cette prairie du bout du monde. C'est une aventure autrement plus exaltante que de regarder à la télévision les rallyes qui saccagent hommes et paysages. On peut dire que c'est tout autant du sport d'aller étendre du linge là-haut. Il faut de bonnes jambes, un dos en excellent état, de la force dans les bras. Il faut les mériter ces cordes à linge qui vous attendent dans ce maudit pré dont personne ne veut et d'où l'on entend hurler le vent. On se croirait dans un vieux film en noir et blanc comme *Jour de colère* de Dreyer. On est dans ces images-là. Le vent nous empêche de grimper le talus, souffle et emmêle nos cheveux, nous gifle, nous malmène, nous repousse. On redescend. On a glissé de deux mètres. On a failli lâcher la corbeille et sa lessive immaculée. Et la main de Merlin qui dégringole tout le talus en riant. C'est incroyable ce qu'on peut rire quand on lutte contre le vent.

Tout à l'heure, j'ai dit qu'il fallait être accompagnée d'un enfant, mais deux ou plusieurs serait mieux. Plus on est de fous, plus on rit. Dans le lot il faudrait au moins un garçon. Car enfin un petit mâle qui n'aurait jamais accompli ce genre d'opérations, jamais mis le couvert, débarrassé la table, participé à la confection des gâteaux ou des crêpes perpétuera la lamentable tradition de ces pauvres hommes, j'allais dire pauvres types, incapables de faire fonctionner une machine à laver ou de tourner eux-mêmes le sucre dans leur café. Pourquoi ? Ils ne savent pas où se trouvent les petites cuillères. Tous les rouages permettant à une maison de fonctionner leur ont été confisqués le plus souvent par des mères promptes à les servir sous prétexte que ce sont des garçons. Pauvres grands benêts, qui plus tard ne trouveront rien à manger dans un réfrigérateur plein.

Donc, je rectifie, mieux vaut être en compagnie de plusieurs enfants, dont un garçon. Moyenne d'âge quatre ou cinq ans. C'est l'âge le plus adorable pour ce genre d'expédition. Mais bien entendu, je n'ai rien contre la compagnie de gamins plus jeunes ou plus âgés. Je disais aussi qu'il fallait au moins deux grands draps à faire sécher. Quatre serait mieux. Ils doivent être suffisamment essorés pour que l'opération ne devienne pas désagréable. Les enfants aimeront vous aider et vous tendront les pinces à linge.

On va comprendre tout de suite pourquoi mieux vaut un grand vent en même temps qu'un grand soleil. Le vent bien sûr aide les draps à sécher, mais aussi il les agite comme les voiles d'un fantôme. Le soleil permet de voir au travers tantôt l'ombre des enfants ou de celle qui suspend le linge. Commence alors un jeu de mains de part et d'autre des draps et très vite on tourne tout autour dans une partie de cache-cache. C'est pourquoi il est préférable d'avoir une lessive importante. On tourne autour de ces grandes pièces de linge qui sentent bon, que la lumière rend transparentes et qui claquent au vent comme la grand-voile d'un navire. On se tient d'un côté et de l'autre des draps humides et quand on s'enfonce dedans on se met à ressembler à un fantôme. On s'attrape les mains, on se touche le front, on essaie de s'embrasser. Avec les jeux de lumière et de vent, je crois que c'est cet aspect de grand spectre débonnaire qui amuse le plus les enfants. Je les ai toujours entendus rire quand on jouait à cache-cache entre les draps qu'on vient de suspendre.

Je ne sais plus qui m'a initiée à ces jeux-là quand j'étais petite. C'était tout à fait banal après la guerre d'étendre la lessive dehors. Je sais seulement que c'est une tradition qui se perpétue et j'aime voir mes grandes filles entraîner à leur tour leurs enfants dans les mêmes jeux.

On pourrait croire que je passe beaucoup de temps à étendre du linge dehors. Ce n'est pas le cas. C'est même devenu assez rare aujourd'hui. Mais à chaque fois je suis ramenée à cette évidence : la conscience d'être là, encore là, bien vivante, en proie aux mêmes sensations qui n'ont pas changé depuis l'enfance, cette impression tenace d'être en sursis. Je ressens le même vertige quand je regarde filer les nuages. Lorsque j'étais enfant, vers cinq ou six ans, ils représentaient pour moi le temps qui s'enfuyait. Dans leur course, j'en étais sûre, ils emportaient avec eux la réponse aux questions que je me posais. Je les suivais des yeux et longtemps je restais obsédée par l'énigme qu'ils me dérobaient.

Aujourd'hui, suspendre le linge sans me presser est sûrement un prétexte pour retourner à ces impressions lointaines, fugitives et vertigineuses. Une minute d'enfance retrouvée. Peut-être que le vent était moins frais qu'aujourd'hui. Il y eut des étés avec des brises chaudes, des grillons, des merles, des volées de cloches, des odeurs de foin coupé. Il y eut des hivers à Belfort, absolument glacés où draps, langes, serviettes et torchons tout pailletés par le gel pendaient raides comme des armures.

Quand je suspends le linge avec la lenteur qui convient, dans la paix et le silence, je me retrouve mystérieusement transportée dans ces impressions d'enfance ou de *déjà vécu, déjà ressenti.* Je suis alors au bord d'un malaise heureux où des phrases entières affleurent. Durant mon enfance, j'ai beaucoup résisté à ces manifestations qui entraînaient une sorte de métamorphose que je craignais. Je ne savais pas que c'étaient les mots qui m'appelaient. Aujourd'hui, je consens à cette étrange modification de mon être, je la recherche, comme on cherche une source bienfaisante. Je me sens alors précipitée dans un autre temps, un tourbillon m'encercle et se resserre autour de mes tempes, bourdonnant comme le corps astral des êtres disparus dont je sens l'invisible présence qui tourne autour de moi. Une légère fatigue et l'impression d'approcher une zone merveilleuse, presque interdite, accessible pour quelques secondes seulement, accompagnent ces courtes manifestations. La seule chose que je puisse faire à cet instant, c'est écrire. Mais je suis si peu prévoyante que j'ai rarement sur moi de quoi tracer des mots. L'écriture vous prend vraiment n'importe où. Je murmure alors en moi-même, à je ne sais qui – vous ne perdez rien pour attendre. Je vous rattraperai. Et je ressens une sorte de fierté à engranger dans un coin de mon cerveau les phrases tournantes, labiles, fantomatiques. Je vous rattraperai. Je vous coucherai sur le papier. Je vous vaincrai.

Je vous ferai dire bien plus que vous ne m'en dites à cette seconde, alors que je suis occupée à étendre du linge. Une fois de plus, je suis prise en défaut puisque dans ma poche je n'ai que des gaufrettes, des épingles à linge, des papiers de bonbons et pas l'ombre d'un crayon et d'un carnet. Rien pour consigner le temps qui passe. Mais la minute éblouissante vaut bien que je dilapide tous les mots du monde. J'aime ce jeu avec l'invisible, même si je n'en comprends pas tous les signes. Ce qui compte c'est de capturer une minute des sensations heureuses de mon enfance.

Depuis, le temps a filé plus vite que les nuages que petite fille j'essayais de retenir et dont la fuite m'arrachait des larmes, car je savais bien que ces nuages, qui ne reviendraient jamais, symbolisaient l'absence, les séparations, la mort de ceux que j'aimais. En suspendant le linge, je peux constater que le temps a passé, en effet. Quand j'accroche les pinces, je le vois à la peau sur le dos de mes mains constellées de taches, dites de vieillesse. Je le ressens aussi à ce léger essoufflement après avoir grimpé le chemin chargée du panier rempli de linge mouillé. Alors, pourquoi rien n'a changé et pourquoi plus rien n'est pareil ? Une fraction de seconde, j'ai retrouvé intact l'étonnement d'être en plein ciel, en pleine lumière, en plein vent. Puis très vite quelque chose comme la guillotine est venu menacer cet enchantement. Il me faut lutter pour retrouver ces bribes de joie qui filent encore plus vite dans mon ciel d'aujourd'hui. Cette sorte de joie trop souvent sans écho, sans réponse, cette joie pour personne et qu'il faut pourtant préserver. Comme les nuages, elle est toujours prête à s'effilocher.

Merlin puise dans la grande poche de mon tablier où se trouvent les pinces à linge. Il me les tend après avoir choisi ses couleurs préférées. Je me console avec des riens. Même tenir une pince à linge entre les dents m'amuse et me réjouit. Je me demande pourquoi. Je trouve assez vite. C'est parce que mes dents sont encore à moi, bien plantées, bien solides. Je me dis que j'ai donc du temps devant moi avant de les perdre toutes ou qu'on me les arrache un jour. J'ai encore le temps pour vieillir et ne plus pouvoir grimper le talus, ne plus pouvoir lever les bras comme je suis en train de le faire. Ne plus pouvoir porter un enfant. Tout en m'appliquant à suspendre les joyeux oripeaux de la famille, je pense que c'est fou de se consoler, de se requinquer avec des pensées pareilles. Parfois j'éprouve une tendresse particulière pour un vêtement ou un autre que je suspends – tiens cette petite robe d'Hermine, rouge à pois blancs, je me souviens quand je l'ai achetée, elle lui allait si bien, elle commence à être un peu juste maintenant et la trame du tissu est tout usée d'avoir été si souvent lavée. Et comment ne pas fondre de tendresse à chaque pièce de layette qu'on suspend. Brassières, grenouillères, turbulettes, barboteuses, comme c'est adorable de les voir se balancer au vent. Mais aujourd'hui les pièces de layette qui gigotent sur le fil, ce sont celles de mes petits-enfants. Et Merlin s'exclame chaque fois que je suspends un vêtement à lui.

Malgré tout ce temps qui a passé, j'éprouve toujours cette ivresse étrange qui renaît à chaque fois que je fais sécher le linge dehors et que tous les éléments autour semblent miraculeusement accordés. C'est peut-être la conscience de *se sentir au monde*, en plein dans une minute heureuse qu'on n'attendait pas, qui vous surprend devant une corde à linge et reste suspendue au-dessus de vous comme un signe d'amour et de paix que vous ferait une mystérieuse présence. Juste une minute sans douleur, sans angoisse, sans ressentiment, sans gâchis. Sans penser à la fin. Le temps de suspendre ce linge, entourée d'enfants. Également, on se réjouit qu'il y ait encore de l'eau pour laver, un air pas trop pollué pour sécher et tout autour ces chants d'oiseaux. On sait que le miracle va retomber, mais en attendant on est au monde. On y est vraiment. La joie ressentie, on n'y comprend rien. On ne sait pas d'où elle vient si brusquement. Était-elle tapie en soi depuis toujours, se manifestant lors d'événements qui à d'autres apparaîtraient bien insignifiants. Respirer une branche de lilas. Adorer le retour des hirondelles. S'enivrer du parfum de l'herbe fraîchement coupée en juin. Se réveiller au chant du coq. Marcher à contre-courant dans un ruisseau. Recevoir sur son visage une pluie d'été. Par une fenêtre ouverte, surprendre le gazouillis d'un bébé ou le ruissellement de notes joyeuses et bondissantes comme celles de *La Truite* de Schubert. Écouter le bruit du vent dans les arbres. Désirer y mêler ses cheveux. Entendre la première cloche du matin comme un signe de résurrection. La liste de ces infimes ravissements pourrait tenir sur des pages et des pages. Je sais qu'ils rejoignent des impressions qu'on croit toujours perdues et qui resurgissent pour une minute à la faveur d'un événement minuscule. C'est pourquoi sans doute j'aime tant suspendre le linge. Surtout en compagnie de mes petits-enfants.

Altaïr
à cœur ouvert

À Olivia et Thiébaut

Altaïr, tu es mon deuxième petit-fils. Tu n'as pas un an et tu viens de subir une opération à cœur ouvert. Tes parents t'ont donné le nom d'une étoile – Altaïr – qui résonne gaiement et dont les syllabes laissent dans l'air comme l'écho d'une incantation guerrière. Altaïr ! Altaïr ! On dirait qu'un prénom comme celui-là vous protège de tout. Gare aux mauvaises fées qui ont cru bon te doter d'une malformation cardiaque majeure à ta naissance. Une tétralogie de Fallot. D'après ce que j'ai compris et que je rapporte très schématiquement, on peut dire que tu n'as qu'une circulation au lieu de deux comme nous tous. La paroi existant entre le cœur gauche et le cœur droit, chez toi, n'est pas étanche. À cause de cet orifice qu'on appelle communication interventriculaire, ton sang bleu chargé de toxines – le sang veineux – se mélange à ton sang rouge – le sang artériel. Donc ton sang ne s'oxygène pas suffisamment et si on ne t'opère pas, tu deviendras ce qu'on appelait autrefois un enfant bleu. D'autres malformations s'ajoutent à ce tableau comme le rétrécissement de l'origine de l'artère pulmonaire et quelques autres misères encore. Difficile de tout bien comprendre. Mais à l'heure où j'écris, on vient de réparer ta tétralogie de Fallot, pour ton premier anniversaire.

Quand la date de l'intervention fut arrêtée, un angoissant compte à rebours commença pour tes parents, Olivia et Thiébaut, et pour ceux qui t'aiment. Dans ce service de cardiologie infantile un grand nombre d'enfants, tout petits ou plus grands, attendent de subir la même opération que toi. Leurs parents, qui viennent parfois de pays où l'on ne pratique pas ce type d'intervention, attendent également. La plupart du temps ces parents pauvres et de contrées éloignées ne peuvent pas être auprès de leur enfant.

Quand on attend ainsi, à quoi pense-t-on ? Au miracle. Tandis que l'enfant est au bloc, on imagine sa poitrine ouverte, le cœur à nu, la circulation extra-corporelle. On s'habitue aux mots clampage aortique, incisions, ouverture haute de l'infundibulum, résection d'une sténose intra-ventriculaire, et d'autres expressions encore. On n'arrive à rien imaginer du tout. C'est trop. On pense seulement au miracle. Que ta circulation se remette en route. Que ton cœur batte à nouveau. On va voir les enfants déjà opérés. Les parents penchés sur les lits. On puise du courage auprès d'eux. Ces miracles ont lieu tous les jours. On retrouve un peu de forces. Il en faudra pour les jours à venir.

Pendant qu'on opère l'enfant, inutile de rester dans la salle d'attente, c'est ce qu'on conseille. Tandis qu'il a franchi la porte du bloc, aller chercher l'air ailleurs. Mieux vaut conduire sa voiture et tourner autour de l'hôpital, prendre la première bretelle d'autoroute et rouler loin de Paris, vers les champs. Vers un village. On a dit revenez dans cinq heures. C'est inutile avant. On est entré dans un temps où secondes et minutes se comptent autrement.

Tandis que ce vendredi 20 mars 1998 une dizaine de personnes évoluaient autour de toi pour corriger la malformation qui sans cette intervention menacerait ta vie, Altaïr, j'ai décidé que j'arrêterai là le cours de ce livre qui prétend égrener le compte des minutes heureuses.

Alors que tu étais en réanimation, un épouvantable massacre de bébés, de jeunes enfants et de leurs mères a eu lieu dans un village d'Algérie. Je pensais que s'il fallait une dizaine de personnes pour contribuer à la réussite d'une opération à cœur ouvert, un seul homme armé jusqu'aux dents pouvait en une heure massacrer des dizaines d'innocents dans leur sommeil. Je me suis sentie hébétée d'impuissance. Je pensais aussi à ces actions menées par des chirurgiens qui vont opérer partout dans le monde des enfants nés avec la même malformation cardiaque que la tienne ou encore à ces médecins des associations humanitaires qui vont chercher des enfants dans des pays désolés et les ramènent en France pour les opérer. Sans cette intervention, ils mourraient avant l'âge de dix ans.

Pendant que certains s'acharnent à redonner vie aux plus faibles, d'autres ont comme profession de foi de les tuer. On vivra toujours ainsi. Pour garder dans sa mémoire le souvenir de quelques minutes heureuses, il faut chaque jour s'exercer à y penser, chaque jour les glaner, comme ces femmes ramassant pour se chauffer l'hiver un peu de bois mort qu'elles serrent au creux de leur tablier.

Ainsi dans la poche sans fond de mon grand tablier bleu, il y a les nattes d'Hermine, des accents de violoncelle, des rires d'enfants, des retrouvailles, le bleu d'une jacinthe, des rubans d'organdi, les premiers mots d'un enfant autiste, les grains de riz des mariages, des nuages filants, beaucoup d'oiseaux. Et toutes ces choses mêlées, secouées par mes allées et venues, font un drôle de bruit de grelots qui me suit partout. Et toi, petit Altaïr dont l'étoile est très brillante et bleue, j'ai pu le constater en regardant le ciel, tu viens ajouter dans cette poche sans fond une ribambelle de minutes heureuses. Et maintenant, quand je vais et je viens, il y a en plus comme un bruit de ruisseau qui chante autour des cailloux moussus, et aussi les sauts argentés des truites malignes quand elles filent dans le vif du courant. Et tout cela tient dans ma grande poche, celle où je mets les pinces à linge. Bientôt, je sais que ton petit cœur et tes artères réparées te permettront d'accomplir l'effort de grimper avec moi en haut de la colline pour aller y suspendre les draps-grands-voiles-de-navire et de jouer avec le vent.

En attendant ce jour, tu dors Altaïr dans une salle de réanimation, veillé par beaucoup d'appareils. Tu as, paraît-il, bien supporté l'opération. Tu dors, tandis que la circulation de ton sang comme autant de ruisselets emprunte un trajet nouveau pour aller irriguer ton cœur. Si je n'étais pas si bavarde c'est par ce mot que je voudrais finir. Cœur.

Mais nous sommes un mois après ton opération. Tu as retrouvé ta force guerrière. Ton sourire. Ton nom d'étoile. Moi, j'ai musardé, j'ai pris du retard à cause des choses de la vie, des choses de l'amour que j'ai toujours fait passer avant les livres à écrire. Je n'arrive même plus à porter les minutes heureuses tellement il y en a. Celle de ton opération réussie, elle est tellement lourde... C'est un peu comme si j'avais pétri une boule de neige et qu'à force de la rouler devant moi elle soit devenue si énorme que je ne puisse plus la porter. Ni la pousser. Je me dis que c'est le signe que je dois m'arrêter.

Ce serait plus simple de dessiner un cœur dans la neige. Et que durant une minute, lourde du bonheur qu'on sait enfin reconnaître et nommer, une minute heureuse, on regarde scintiller ce cœur sous l'étoile qui porte ton nom, Altaïr.

À Saint-Julien,
septembre 1997,
Pâques 1998

Table

CET OUVRAGE A ÉTÉ REPRODUIT
ET ACHEVÉ D'IMPRIMER SUR ROTO-PAGE
PAR L'IMPRIMERIE FLOCH À MAYENNE
EN SEPTEMBRE 1998

Éditions du Rocher
28, rue Comte-Félix-Gastaldi
Monaco

Dépôt légal : septembre 1998.
N° d'édition : CNE section commerce et industrie
Monaco : 19023.
N° d'impression : 44401.

Imprimé en France